PREFACIO

La colección de guías de conversación para viajar "Todo irá bien" publicada por T&P Books está diseñada para personas que viajan al extranjero para turismo y negocios. Las guías contienen lo más importante - los elementos esenciales para una comunicación básica.Éste es un conjunto de frases imprescindibles para "sobrevivir" mientras está en el extranjero.

Esta guía de conversación le ayudará en la mayoría de los casos donde usted necesite pedir algo, conseguir direcciones, saber cuánto cuesta algo, etc. Puede también resolver situaciones difíciles de la comunicación donde los gestos no pueden ayudar.

Este libro contiene muchas frases que han sido agrupadas según los temas más relevantes. Una sección separada del libro también ofrece un pequeño diccionario con más de 1.500 palabras importantes y útiles.

Llévese la guía de conversación "Todo irá bien" en el camino y tendrá una insustituible compañera de viaje que le ayudará a salir de cualquier situación y le enseñará a no temer hablar con extranjeros.

TABLA DE CONTENIDOS

Pronunciación	5
Lista de abreviaturas	6
Guía de conversación Español-Griego	9
Diccionario Conciso	75

T&P Books Publishing

Colección de guías de conversación
"¡Todo irá bien!"

T&P Books Publishing

GUÍA DE CONVERSACIÓN
— GRIEGO —

LAS PALABRAS Y LAS FRASES MÁS ÚTILES

Esta Guía de Conversación contiene las frases y las preguntas más comunes necesitadas para una comunicación básica con extranjeros

Andrey Taranov

T&P BOOKS

Guía de conversación + diccionario de 1500 palabras

Guía de conversación Español-Griego y diccionario conciso de 1500 palabras

por Andrey Taranov

La colección de guías de conversación para viajar "Todo irá bien" publicada por T&P Books está diseñada para personas que viajan al extranjero para turismo y negocios. Las guías contienen lo más importante - los elementos esenciales para una comunicación básica. Éste es un conjunto de frases imprescindibles para "sobrevivir" mientras está en el extranjero.

Una otra sección del libro también ofrece un pequeño diccionario con más de 1.500 palabras útiles. El diccionario incluye muchos términos gastronómicos y será de gran ayuda para pedir los alimentos en un restaurante o comprando comestibles en la tienda.

Copyright © 2024 T&P Books Publishing

Todos los derechos reservados. Ninguna porción de este libro puede reproducirse o utilizarse de ninguna manera o por ningún medio; sea electrónico o mecánico, lo cual incluye la fotocopia, grabación o información almacenada y sistemas de recuperación, sin el permiso escrito de la editorial.

T&P Books Publishing
www.tpbooks.com

ISBN: 978-1-78492-642-7

Este libro está disponible en formato electrónico o de E-Book también.
Visite www.tpbooks.com o las librerías electrónicas más destacadas en la Red.

PRONUNCIACIÓN

T&P alfabeto fonético	Ejemplo griego	Ejemplo español
[a]	αγαπάω [aɣapáo]	radio
[e]	έπαινος [épenos]	verano
[i]	φυσικός [fisikós]	ilegal
[o]	οθόνη [oθóni]	bordado
[u]	βουτάω [vutáo]	mundo
[b]	καμπάνα [kabána]	en barco
[d]	ντετέκτιβ [detéktiv]	desierto
[f]	ράμφος [rámfos]	golf
[g]	γκολφ [golf]	jugada
[ɣ]	γραβάτα [ɣraváta]	amigo, magnífico
[j]	μπάιτ [bájt]	asiento
[j]	Αίγυπτος [éjiptos]	asiento
[k]	ακόντιο [akóndio]	charco
[lʲ]	αλάτι [alʲáti]	lágrima
[m]	μάγος [máɣos]	nombre
[n]	ασανσέρ [asansér]	número
[p]	βλέπω [vlépo]	precio
[r]	ρόμβος [rómvos]	era, alfombra
[s]	σαλάτα [salʲáta]	salva
[ð]	πόδι [póði]	alud
[θ]	λάθος [lʲáθos]	pinzas
[t]	κινητό [kinitó]	torre
[tʃ]	check-in [tʃek-in]	mapache
[v]	βραχιόλι [vraxióli]	travieso
[x]	νύχτα [níxta]	reloj
[w]	ουίσκι [wíski]	acuerdo
[z]	κουζίνα [kuzína]	desde
[']	έξι [éksi]	acento primario

LISTA DE ABREVIATURAS

Abreviatura en español

adj	-	adjetivo
adv	-	adverbio
anim.	-	animado
conj	-	conjunción
etc.	-	etcétera
f	-	sustantivo femenino
f pl	-	femenino plural
fam.	-	uso familiar
fem.	-	femenino
form.	-	uso formal
inanim.	-	inanimado
innum.	-	innumerable
m	-	sustantivo masculino
m pl	-	masculino plural
m, f	-	masculino, femenino
masc.	-	masculino
mat	-	matemáticas
mil.	-	militar
num.	-	numerable
p.ej.	-	por ejemplo
pl	-	plural
pron	-	pronombre
sg	-	singular
v aux	-	verbo auxiliar
vi	-	verbo intransitivo
vi, vt	-	verbo intransitivo, verbo transitivo
vr	-	verbo reflexivo
vt	-	verbo transitivo

Abreviatura en griego

αρ.	-	sustantivo masculino
αρ.πλ.	-	masculino plural
αρ./θηλ.	-	masculino, femenino
θηλ.	-	sustantivo femenino
θηλ.πλ.	-	femenino plural

ουδ. - neutro
ουδ.πλ. - género neutro plural
πλ. - plural

GUÍA DE CONVERSACIÓN GRIEGO

Esta sección contiene frases importantes que pueden resultar útiles en varias situaciones de la vida real. La Guía le ayudará a pedir direcciones, aclaración sobre precio, comprar billetes, y pedir alimentos en un restaurante

T&P Books Publishing

CONTENIDO DE LA GUÍA DE CONVERSACIÓN

Lo más imprescindible	12
Preguntas	15
Necesidades	16
Preguntar por direcciones	18
Carteles	20
Transporte. Frases generales	22
Comprar billetes	24
Autobús	26
Tren	28
En el tren. Diálogo (Sin billete)	30
Taxi	31
Hotel	33
Restaurante	36
De Compras	38
En la ciudad	40
Dinero	42

Tiempo	44
Saludos. Presentaciones.	46
Despedidas	48
Idioma extranjero	50
Disculpas	52
Acuerdos	53
Rechazo. Expresar duda	54
Expresar gratitud	56
Felicitaciones , Mejores Deseos	57
Socializarse	58
Compartir impresiones. Emociones	61
Problemas, Accidentes	63
Problemas de salud	66
En la farmacia	69
Lo más imprescindible	71

T&P Books Publishing

Lo más imprescindible

Perdone, ...	Συγνώμη, ... [siɣnómi, ...]
Hola.	Γεια σας. [ja sas]
Gracias.	Ευχαριστώ. [efxaristó]

Sí.	Ναι. [ne]
No.	Όχι. [óxi]
No lo sé.	Δεν ξέρω. [ðen kséro]
¿Dónde? | ¿A dónde? | ¿Cuándo?	Πού; | Προς τα πού; | Πότε; [pú? | pros ta pú? | póte?]

Necesito ...	Χρειάζομαι ... [xriázome ...]
Quiero ...	Θέλω ... [θél¹o ...]
¿Tiene ...?	Έχετε ...; [éxete ...?]
¿Hay ... por aquí?	Μήπως υπάρχει ... εδώ; [mípos ipárxi ... eðó?]
¿Puedo ...?	Θα μπορούσα να ...; [θa borúsa na ...?]
..., por favor? (petición educada)	..., παρακαλώ [..., parakal¹ó]

Busco ...	Ψάχνω για ... [psáxno ja ...]
el servicio	τουαλέτα [tualéta]
un cajero automático	ATM [eitiém]
una farmacia	φαρμακείο [farmakío]
el hospital	νοσοκομείο [nosokomío]

la comisaría	αστυνομικό τμήμα [astinomikó tmíma]
el metro	μετρό [metró]

Español	Griego	
un taxi	ταξί [taksí]	
la estación de tren	σιδηροδρομικό σταθμό [siðiroðromikó staθmó]	

Me llamo ...	Ονομάζομαι ... [onomázome ...]	
¿Cómo se llama?	Πώς ονομάζεστε; [pós onomázeste?]	
¿Puede ayudarme, por favor?	Μπορείτε παρακαλώ να με βοηθήσετε; [boríte parakaló na me voiθísete?]	
Tengo un problema.	Έχω ένα πρόβλημα. [éxo éna próvlima]	
Me encuentro mal.	Δεν αισθάνομαι καλά. [ðen esθánome kal'á]	
¡Llame a una ambulancia!	Καλέστε ένα ασθενοφόρο! [kaléste éna asθenofóro!]	
¿Puedo llamar, por favor?	Θα μπορούσα να κάνω ένα τηλέφωνο; [θa borúsa na káno éna tiléfono?]	

Lo siento.	Συγνώμη. [siɣnómi]	
De nada.	Παρακαλώ! [parakal'ó!]	

Yo	Εγώ, εμένα [eɣó, eména]	
tú	εσύ [esí]	
él	αυτός [aftós]	
ella	αυτή [aftí]	
ellos	αυτοί [aftí]	
ellas	αυτές [aftés]	
nosotros /nosotras/	εμείς [emís]	
ustedes, vosotros	εσείς [esís]	
usted	εσείς [esís]	

ENTRADA	ΕΙΣΟΔΟΣ [ísoðos]	
SALIDA	ΕΞΟΔΟΣ [éksoðos]	

FUERA DE SERVICIO	ΕΚΤΟΣ ΛΕΙΤΟΥΡΓΙΑΣ [éktos liturjías]
CERRADO	ΚΛΕΙΣΤΟ [klísto]
ABIERTO	ΑΝΟΙΚΤΟ [aníkto]
PARA SEÑORAS	ΓΥΝΑΙΚΩΝ [jinekón]
PARA CABALLEROS	ΑΝΔΡΩΝ [ánðron]

Preguntas

¿Dónde?	Πού; [pú?]
¿A dónde?	Προς τα πού; [pros ta pú?]
¿De dónde?	Από πού; [apó pú?]
¿Por qué?	Γιατί; [ĵatí?]
¿Con que razón?	Για ποιο λόγο; [ĵa pio lióγo?]
¿Cuándo?	Πότε; [póte?]
¿Cuánto tiempo?	Πόσο χρόνο χρειάζεται; [póso xróno xriázete?]
¿A qué hora?	Τι ώρα; [ti óra?]
¿Cuánto?	Πόσο κάνει; [póso káni?]
¿Tiene ...?	Μήπως έχετε ...; [mípos éxete ...?]
¿Dónde está ...?	Πού είναι ...; [pú íne ...?]
¿Qué hora es?	Τι ώρα είναι; [ti óra íne?]
¿Puedo llamar, por favor?	Θα μπορούσα να κάνω ένα τηλέφωνο; [θa borúsa na káno éna tiléfono?]
¿Quién es?	Ποιος είναι; [pios íne?]
¿Se puede fumar aquí?	Μπορώ να καπνίσω εδώ; [boró na kapníso eδó?]
¿Puedo ...?	Θα μπορούσα να ...; [θa borúsa na ...?]

Necesidades

Quisiera ...	Θα ήθελα ... [θa íθelʲa ...]
No quiero ...	Δεν θέλω ... [ðen θélʲo ...]
Tengo sed.	Διψάω. [ðipsáo]
Tengo sueño.	Θέλω να κοιμηθώ. [θélʲo na kemiθó]

Quiero ...	Θέλω ... [θélʲo ...]
lavarme	να πλυθώ [na pliθó]
cepillarme los dientes	να πλύνω τα δόντια μου [na plíno ta ðóndia mu]
descansar un momento	να ξεκουραστώ λίγο [na ksekurastó líγo]
cambiarme de ropa	να αλλάξω ρούχα [na alʲákso rúxa]

volver al hotel	να επιστρέψω στο ξενοδοχείο [na epistrépso sto ksenoðoxío]
comprar ...	να αγοράσω ... [na aγoráso ...]
ir a ...	να πάω στο ... [na páo sto ...]
visitar ...	να επισκεφτώ ... [na episkeftó ...]
quedar con ...	να συναντηθώ με ... [na sinandiθó me ...]
hacer una llamada	να τηλεφωνήσω [na tilefoníso]

Estoy cansado /cansada/.	Είμαι κουρασμένος /κουρασμένη/. [íme kurazménos /kurazméni/]
Estamos cansados /cansadas/.	Είμαστε κουρασμένοι. [ímaste kurazméni]
Tengo frío.	Κρυώνω. [krióno]
Tengo calor.	Ζεσταίνομαι. [zesténome]
Estoy bien.	Είμαι καλά. [íme kalʲá]

Tengo que hacer una llamada.	**Πρέπει να κάνω ένα τηλέφωνο.** [prépi na káno éna tiléfono]
Necesito ir al servicio.	**Πρέπει να πάω στην τουαλέτα.** [prépi na páo sten tualéta]
Me tengo que ir.	**Πρέπει να φύγω.** [prépi na fíχo]
Me tengo que ir ahora.	**Πρέπει να φύγω τώρα.** [prépi na fíχo tóra]

Preguntar por direcciones

Perdone, ...	Συγνώμη, ... [siɣnómi, ...]
¿Dónde está ...?	Πού είναι ...; [pú íne ...?]
¿Por dónde está ...?	Από ποιο δρόμο είναι ...; [apó pio ðrómo íne ...?]
¿Puede ayudarme, por favor?	Θα μπορούσατε να με βοηθήσετε παρακαλώ; [θa borúsate na me voiθísete parakaljó?]

Busco ...	Ψάχνω για ... [psáxno ja ...]
Busco la salida.	Ψάχνω για την έξοδο. [psáxno ja tin éksoðo]
Voy a ...	Πηγαίνω στ ... [pijéno st ...]
¿Voy bien por aquí para ...?	Πηγαίνω σωστά από εδώ για ...; [pijéno sostá apó eðó ja ...?]

¿Está lejos?	Είναι μακριά από εδώ; [íne makriá apó eðó?]
¿Puedo llegar a pie?	Μπορώ να πάω εκεί με τα πόδια; [boró na páo ekí me ta pódia?]
¿Puede mostrarme en el mapa?	Μπορείτε να μου δείξετε στο χάρτη; [boríte na mu ðíksete sto xárti?]
Por favor muestreme dónde estamos.	Δείξετε μου που βρισκόμαστε αυτή τη στιγμή. [ðíksete mu pu vriskómaste aftí ti stiɣmí]

Aquí	Εδώ [eðó]
Allí	Εκεί [ekí]
Por aquí	Από εδώ [apó eðó]

Gire a la derecha.	Στρίψτε δεξιά. [strípste ðeksiá]
Gire a la izquierda.	Στρίψτε αριστερά. [strípste aristerá]
la primera (segunda, tercera) calle	πρώτος (δεύτερος, τρίτος) δρόμος [prótos (ðéfteros, trítos) ðrómos]

a la derecha	δεξιά [ðeksiá]
a la izquierda	αριστερά [aristerá]
Siga recto.	**Πηγαίνετε όλο ευθεία.** [pijénete óljo efθía]

Carteles

¡BIENVENIDO!	**ΚΑΛΩΣ ΗΡΘΑΤΕ!** [kal'ós ípθate!]
ENTRADA	**ΕΙΣΟΔΟΣ** [ísoðos]
SALIDA	**ΕΞΟΔΟΣ** [éksoðos]
EMPUJAR	**ΩΘΗΣΑΤΕ** [oθísate]
TIRAR	**ΕΛΞΑΤΕ** [él'ksate]
ABIERTO	**ΑΝΟΙΚΤΟ** [aníkto]
CERRADO	**ΚΛΕΙΣΤΟ** [klísto]
PARA SEÑORAS	**ΓΥΝΑΙΚΩΝ** [jinekón]
PARA CABALLEROS	**ΑΝΔΡΩΝ** [ánðron]
CABALLEROS	**ΚΥΡΙΟΙ** [kíri]
SEÑORAS	**ΚΥΡΙΕΣ** [kíries]
REBAJAS	**ΕΚΠΤΩΣΕΙΣ** [ekptósis]
VENTA	**ΞΕΠΟΥΛΗΜΑ** [ksepúlima]
GRATIS	**ΔΩΡΕΑΝ** [ðoreán]
¡NUEVO!	**ΝΕΟ!** [néo!]
ATENCIÓN	**ΠΡΟΣΟΧΗ!** [prosoxí!]
COMPLETO	**ΔΕΝ ΥΠΑΡΧΟΥΝ ΚΕΝΑ ΔΩΜΑΤΙΑ** [ðen ipárxun kená ðomátia]
RESERVADO	**ΡΕΖΕΡΒΕ** [rezervé]
ADMINISTRACIÓN	**ΔΙΕΥΘΥΝΤΗΣ** [ðiéfθindis]
SÓLO PERSONAL AUTORIZADO	**ΜΟΝΟ ΓΙΑ ΤΟ ΠΡΟΣΩΠΙΚΟ** [móno ja to prosópiko]

CUIDADO CON EL PERRO	ΠΡΟΣΟΧΗ ΣΚΥΛΟΣ [prosoxí skíl'os]
NO FUMAR	ΑΠΑΓΟΡΕΥΕΤΑΙ ΤΟ ΚΑΠΝΙΣΜΑ [apaγorévete to kápnizma]
NO TOCAR	ΜΗΝ ΑΓΓΙΖΕΤΕ! [min angízete!]
PELIGROSO	ΕΠΙΚΙΝΔΥΝΟ [epikínðino]
PELIGRO	ΚΙΝΔΥΝΟΣ [kínðinos]
ALTA TENSIÓN	ΥΨΗΛΗ ΤΑΣΗ [ípseli tási]
PROHIBIDO BAÑARSE	ΑΠΑΓΟΡΕΥΕΤΑΙ ΤΟ ΚΟΛΥΜΠΙ [apaγorévete to kolíbi]
FUERA DE SERVICIO	ΕΚΤΟΣ ΛΕΙΤΟΥΡΓΙΑΣ [éktos liturjías]
INFLAMABLE	ΕΥΦΛΕΚΤΟ [éflekto]
PROHIBIDO	ΑΠΑΓΟΡΕΥΕΤΑΙ [apaγorévete]
PROHIBIDO EL PASO	ΑΠΑΓΟΡΕΥΕΤΑΙ Η ΕΙΣΟΔΟΣ [apaγorévete i ísoðos]
RECIÉN PINTADO	ΦΡΕΣΚΟΒΑΜΜΕΝΟ [frésko vaméno]
CERRADO POR RENOVACIÓN	ΚΛΕΙΣΤΟ ΛΟΓΩ ΕΡΓΑΣΙΩΝ [klísto l'óγo erγásion]
EN OBRAS	ΕΡΓΑ ΕΝ ΟΨΕΙ [érγa en ópsi]
DESVÍO	ΠΑΡΑΚΑΜΨΗ [parákampsi]

Transporte. Frases generales

el avión	αεροπλάνο [aeropliáno]
el tren	τρένο [tréno]
el bus	λεωφορείο [leoforío]
el ferry	φέρι μποτ [féri bot]
el taxi	ταξί [taksí]
el coche	αυτοκίνητο [aftokínito]
el horario	δρομολόγιο [ðromoliójo]
¿Dónde puedo ver el horario?	Πού μπορώ να δω το δρομολόγιο; [pú boró na ðo to ðromoliójo?]
días laborables	εργάσιμες ημέρες [eryásimes iméres]
fines de semana	Σαββατοκύριακα [savatokíriaka]
días festivos	διακοπές [ðiakopés]
SALIDA	ΑΝΑΧΩΡΗΣΗ [anaxórisi]
LLEGADA	ΑΦΙΞΗ [áfiksi]
RETRASADO	ΚΑΘΥΣΤΕΡΗΣΗ [kaθistérisi]
CANCELADO	ΑΚΥΡΩΣΗ [akírosi]
siguiente (tren, etc.)	επόμενο [epómeno]
primero	πρώτο [próto]
último	τελευταίο [teleftéo]
¿Cuándo pasa el siguiente …?	Πότε είναι το επόμενο …; [póte íne to epómeno …?]
¿Cuándo pasa el primer …?	Πότε είναι το πρώτο …; [póte íne to próto …?]

¿Cuándo pasa el último ...?	Πότε είναι το τελευταίο ...; [póte íne to teleftéo ...?]
el trasbordo (cambio de trenes, etc.)	ανταπόκριση [andapókrisi]
hacer un trasbordo	αλλάζω [alládzo]
¿Tengo que hacer un trasbordo?	χρειάζεται να αλλάζω; [xriázete na alládzo?]

Comprar billetes

¿Dónde puedo comprar un billete?	Πού μπορώ να αγοράσω εισιτήριο; [pú boró na ayoráso isitírio?]
el billete	εισιτήριο [isitírio]
comprar un billete	αγοράζω εισιτήριο [ayorázo isitírio]
precio del billete	τιμή εισιτηρίου [timí isitiríu]
¿Para dónde?	Για πού; [ja pú?]
¿A qué estación?	Σε ποια στάση; [se pia stási?]
Necesito ...	Χρειάζομαι ... [xriázome ...]
un billete	ένα εισιτήριο [éna isitírio]
dos billetes	δύο εισιτήρια [ðío isitíria]
tres billetes	τρία εισιτήρια [tría isitíria]
sólo ida	απλή μετάβαση [aplí metávasi]
ida y vuelta	μετ' επιστροφής [met epistrofís]
en primera (primera clase)	πρώτη θέση [próti θési]
en segunda (segunda clase)	δεύτερη θέση [ðéfteri θési]
hoy	σήμερα [símera]
mañana	αύριο [ávrio]
pasado mañana	μεθαύριο [meθávrio]
por la mañana	το πρωί [to proí]
por la tarde	το απόγευμα [to apójevma]
por la noche	το βράδυ [to vráði]

asiento de pasillo	**θέση δίπλα στον διάδρομο** [θési δípl'a ston δiáδromo]
asiento de ventanilla	**θέση δίπλα στο παράθυρο** [θési δípl'a sto paráθiro]
¿Cuánto cuesta?	**Πόσο κάνει;** [póso káni?]
¿Puedo pagar con tarjeta?	**Μπορώ να πληρώσω με πιστωτική κάρτα;** [boró na pliróso me pistotikí kárta?]

Autobús

el autobús	λεωφορείο [leoforío]
el autobús interurbano	υπεραστικό λεωφορείο [iperastikó leoforío]
la parada de autobús	στάση λεωφορείου [stási leoforíu]
¿Dónde está la parada de autobuses más cercana?	Πού είναι η πιο κοντινή στάση λεωφορείου; [pú íne i pio kondiní stási leoforíu?]
número	αριθμός [ariθmós]
¿Qué autobús tengo que tomar para ...?	Ποιο λεωφορείο πρέπει να πάρω για να πάω ...; [pio leoforío prépi na páro ja na páo ...?]
¿Este autobús va a ...?	Πάει αυτό το λεωφορείο στ ...; [pái aftó to leoforío st ...?]
¿Cada cuanto pasa el autobús?	Κάθε πότε έχει λεωφορείο; [káθe póte éxi leoforío?]
cada 15 minutos	κάθε 15 λεπτά [káθe δekapénde leptá]
cada media hora	κάθε μισή ώρα [káθe misí óra]
cada hora	κάθε μία ώρα [káθe mía óra]
varias veces al día	αρκετές φορές την μέρα [arketés forés tin méra]
... veces al día	... φορές την μέρα [... forés tin méra]
el horario	δρομολόγιο [δromolójo]
¿Dónde puedo ver el horario?	Πού μπορώ να δω το δρομολόγιο; [pú boró na δo to δromolójo?]
¿Cuándo pasa el siguiente autobús?	Πότε είναι το επόμενο λεωφορείο; [póte íne to epómeno leoforío?]
¿Cuándo pasa el primer autobús?	Πότε είναι το πρώτο λεωφορείο; [póte íne to próto leoforío?]
¿Cuándo pasa el último autobús?	Πότε είναι το τελευταίο λεωφορείο; [póte íne to teleftéo leoforío?]

la parada	στάση [stási]
la siguiente parada	η επόμενη στάση [i epómeni stási]
la última parada	η τελευταία στάση [i teleftéa stási]
Pare aquí, por favor.	Σταματήστε εδώ, παρακαλώ. [stamatíste eðó, parakaló]
Perdone, esta es mi parada.	Συγνώμη, εδώ κατεβαίνω. [siɣnómi, eðó katevéno]

Tren

el tren	τρένο [tréno]
el tren de cercanías	ηλεκτροκίνητο τρένο [ilektrokínito tréno]
el tren de larga distancia	τρένο για διαδρομές μεγάλων αποστάσεων [tréno ja ðiaðromés meɣálion apostáseon]
la estación de tren	σταθμός τρένου [staθmós trénu]
Perdone, ¿dónde está la salida al anden?	Συγνώμη, που είναι η έξοδος για την πλατφόρμα επιβίβασης; [siɣnómi, pu íne i éksoðos ja tin pliatfórma epivívasis?]

¿Este tren va a ...?	Πηγαίνει αυτό το τρένο στ ...; [pijéni aftó to tréno st ...?]
el siguiente tren	επόμενο τρένο [epómeno tréno]
¿Cuándo pasa el siguiente tren?	Πότε είναι το επόμενο τρένο; [póte íne to epómeno tréno?]
¿Dónde puedo ver el horario?	Πού μπορώ να δω το δρομολόγιο; [pú boró na ðo to ðromolióijo?]
¿De qué andén?	Από ποια πλατφόρμα; [apó pia pliatfórma?]
¿Cuándo llega el tren a ...?	Πότε φθάνει το τραίνο στο ...; [póte fθáni to tréno sto ...?]

Ayudeme, por favor.	Παρακαλώ βοηθήστε με. [parakalió voiθíste me]
Busco mi asiento.	Ψάχνω τη θέση μου. [psáxno ti θési mu]
Buscamos nuestros asientos.	Ψάχνουμε τις θέσεις μας. [psáxnume tis θésis mas]
Mi asiento está ocupado.	Η θέση μου είναι πιασμένη. [i θési mu íne piazméni]
Nuestros asientos están ocupados.	Οι θέσεις μας είναι πιασμένες. [i θésis mas íne piazménes]
Perdone, pero ese es mi asiento.	Συγνώμη αλλά αυτή είναι η θέση μου. [siɣnómi aliá aftí íne i θési mu]

¿Está libre?	**Είναι αυτή η θέση πιασμένη;** [íne afté i thési piazméni?]
¿Puedo sentarme aquí?	**Θα μπορούσα να κάτσω εδώ;** [tha borúsa na kátso edó?]

En el tren. Diálogo (Sin billete)

Su billete, por favor.	Το εισιτήριό σας, παρακαλώ. [to isitírió sas, parakalió]
No tengo billete.	Δεν έχω εισιτήριο. [ðen éxo isitírio]
He perdido mi billete.	Έχασα το εισιτήριο μου. [éxasa to isitírio mu]
He olvidado mi billete en casa.	Ξέχασα το εισιτήριό μου στο σπίτι. [kséxasa to isitírió mu sto spíti]
Le puedo vender un billete.	Μπορώ εγώ να σας εκδώσω εισιτήριο. [boró eγó na sas ekðóso isitírio]
También deberá pagar una multa.	Πρέπει να πληρώσετε και πρόστιμο. [prépi na pirósete ke próstimo]
Vale.	Εντάξει. [endáksi]
¿A dónde va usted?	Πού πάτε; [pú páte?]
Voy a ...	Πηγαίνω στ ... [pijéno st ...]
¿Cuánto es? No lo entiendo.	Πόσο κάνει; Δεν καταλαβαίνω. [póso káni? ðen kataliavéno]
Escríbalo, por favor.	Γράψτε το παρακαλώ. [γrápste to parakalió]
Vale. ¿Puedo pagar con tarjeta?	Εντάξει. Μπορώ να πληρώσω με πιστωτική κάρτα; [endáksi. boró na piróso me pistotikí kárta?]
Sí, puede.	Ναι μπορείτε. [ne boríte]
Aquí está su recibo.	Ορίστε η απόδειξή σας. [oríste i apóðiksí sas]
Disculpe por la multa.	Συγνώμη για το πρόστιμο. [siγnómi ja to próstimo]
No pasa nada. Fue culpa mía.	Είναι εντάξει. Ήταν δικό μου λάθος. [íne endáksi. ítan ðikó mu liáθos]
Disfrute su viaje.	Καλό ταξίδι. [kalió taksíði]

Taxi

taxi	ταξί [taksí]
taxista	οδηγός ταξί [oðiɣós taksí]
coger un taxi	να πάρω ένα ταξί [na páro éna taksí]
parada de taxis	πιάτσα ταξί [piátsa taksí]
¿Dónde puedo coger un taxi?	Πού μπορώ να βρω ένα ταξί; [pú boró na vro éna taksí?]
llamar a un taxi	καλώ ένα ταξί [kaľó éna taksí]
Necesito un taxi.	χρειάζομαι ένα ταξί. [xriázome éna taksí]
Ahora mismo.	Τώρα. [tóra]
¿Cuál es su dirección?	Ποια είναι η διεύθυνσή σας; [pia íne i ðiéfθinsí sas?]
Mi dirección es ...	Η διεύθυνσή μου είναι ... [i ðiéfθinsi mu íne ...]
¿Cuál es el destino?	Πού πηγαίνετε; [pú pijénete?]
Perdone, ...	Συγνώμη, ... [siɣnómi, ...]
¿Está libre?	Είστε ελεύθερος; [íste eléfθeros?]
¿Cuánto cuesta ir a ...?	Πόσο κοστίζει να πάω μέχρι ...; [póso kostízi na páo méxri ...?]
¿Sabe usted dónde está?	Ξέρετε που είναι; [ksérete pu íne?]
Al aeropuerto, por favor.	Στο αεροδρόμιο, παρακαλώ. [sto aeroðrómio, parakaľó]
Pare aquí, por favor.	Σταματήστε εδώ, παρακαλώ. [stamatíste eðó, parakaľó]
No es aquí.	Δεν είναι εδώ. [ðen íne eðó]
La dirección no es correcta.	Αυτή είναι λάθος διεύθυνση. [aftí íne ľáθos ðiéfθinsi]
Gire a la izquierda.	Στρίψτε αριστερά. [strípste aristerá]
Gire a la derecha.	Στρίψτε δεξιά. [strípste ðeksiá]

¿Cuánto le debo?	Τι σας οφείλω; [ti sas ofílo?]
¿Me da un recibo, por favor?	Θα ήθελα παρακαλώ μία απόδειξη. [θa íθela parakaló mía apóðiksi]
Quédese con el cambio.	Κρατήστε τα ρέστα. [kratíste ta résta]

Espéreme, por favor.	Μπορείτε παρακαλώ να με περιμένετε; [boríte parakaló na me periménete?]
cinco minutos	πέντε λεπτά [pénde leptá]
diez minutos	δέκα λεπτά [ðéka leptá]
quince minutos	δεκαπέντε λεπτά [ðekapénde leptá]
veinte minutos	είκοσι λεπτά [íkosi leptá]
media hora	μισή ώρα [misí óra]

Hotel

Hola.	Γεια σας. [ja sas]
Me llamo ...	Ονομάζομαι ... [onomázome ...]
Tengo una reserva.	Έχω κάνει μια κράτηση. [éxo káni mia krátisi]
Necesito ...	Χρειάζομαι ... [xriázome ...]
una habitación individual	ένα μονόκλινο δωμάτιο [éna monóklino ðomátio]
una habitación doble	ένα δίκλινο δωμάτιο [éna ðíklino ðomátio]
¿Cuánto cuesta?	Πόσο κοστίζει; [póso kostízi?]
Es un poco caro.	Είναι λίγο ακριβό. [íne líγo akrivó]
¿Tiene alguna más?	Έχετε κάτι άλλο διαθέσιμο; [éxete káti ál'o ðiaθésimo?]
Me quedo.	Θα το κλείσω. [θa to klíso]
Pagaré en efectivo.	Θα πληρώσω μετρητά. [θa plilóso metritá]
Tengo un problema.	Έχω ένα πρόβλημα. [éxo éna próvlima]
Mi ... no funciona.	Το ... μου είναι σπασμένο. [to ... mu íne spazméno]
Mi ... está fuera de servicio.	Το ... μου δεν λειτουργεί. [to ... mu ðen liturʝí]
televisión	τηλεόραση [tileórasi]
aire acondicionado	κλιματισμός [klimatizmós]
grifo	βρύση [vrísi]
ducha	ντους [dus]
lavabo	νιπτήρας [niptíras]
caja fuerte	χρηματοκιβώτιο [xrimatokivótio]

cerradura	κλειδαριά [kliðariá]
enchufe	πρίζα [príza]
secador de pelo	σεσουάρ μαλλιών [sesuár malión]

No tengo ...	Δεν έχω καθόλου ... [ðen éxo kaθólʲu ...]
agua	νερό [neró]
luz	φως [fos]
electricidad	ηλεκτρικό ρεύμα [ilektrikó révma]

¿Me puede dar ...?	Μπορείτε να μου δώσετε ...; [boríte na mu ðósete ...?]
una toalla	μια πετσέτα [mia petséta]
una sábana	μια κουβέρτα [mia kuvérta]
unas chanclas	παντόφλες [pandófles]
un albornoz	μία ρόμπα [mía róba]
un champú	σαμπουάν [sambuán]
jabón	σαπούνι [sapúni]

Quisiera cambiar de habitación.	Θα ήθελα να αλλάξω δωμάτιο. [θa íθelʲa na alʲákso ðomátio]
No puedo encontrar mi llave.	Δεν βρίσκω το κλειδί μου. [ðen vrísko to kliðí mu]
Por favor abra mi habitación.	Θα μπορούσατε παρακαλώ να ανοίξετε το δωμάτιό μου; [θa borúsate parakalʲó na aníksete to ðomátió mu?]

¿Quién es?	Ποιος είναι; [pios íne?]
¡Entre!	Περάστε! [peráste!]
¡Un momento!	Μια στιγμή! [mia stiɣmí!]

Ahora no, por favor.	Όχι τώρα, παρακαλώ. [óxi tóra, parakalʲó]
Venga a mi habitación, por favor.	Παρακαλώ, μπείτε στο δωμάτιό μου. [parakalʲó, bíte sto ðomátió mu]

Quisiera hacer un pedido.	Θα ήθελα να παραγγείλω φαγητό στο δωμάτιο. [θa íθelʲa na parangílʲo fajitó sto ðomátio]
Mi número de habitación es ...	Ο αριθμός δωματίου μου είναι ... [o ariθmós ðomatíu mu íne ...]
Me voy ...	Φεύγω ... [févɣo ...]
Nos vamos ...	Φεύγουμε ... [févɣume ...]
Ahora mismo	τώρα [tóra]
esta tarde	σήμερα το απόγευμα [símera to apójevma]
esta noche	απόψε [apópse]
mañana	αύριο [ávrio]
mañana por la mañana	αύριο το πρωί [ávrio to proí]
mañana por la noche	αύριο βράδυ [ávrio vráði]
pasado mañana	μεθαύριο [meθávrio]
Quisiera pagar la cuenta.	Θα ήθελα να πληρώσω. [θa íθelʲa na pliróso]
Todo ha estado estupendo.	Όλα ήταν υπέροχα. [ólʲa ítan ipéroxa]
¿Dónde puedo coger un taxi?	Πού μπορώ να πάρω ένα ταξί; [pú boró na páro éna taksí?]
¿Puede llamarme un taxi, por favor?	Μπορείτε παρακαλώ να καλέσετε ένα ταξί για μένα; [boríte parakalʲó na kalésete éna taksí ja ména?]

Restaurante

¿Puedo ver el menú, por favor?	**Μπορώ να έχω έναν κατάλογο παρακαλώ;** [boró na éxo énan katálioγo parakaliό?]
Mesa para uno.	**Τραπέζι για ένα άτομο.** [trapézi ja éna átomo]
Somos dos (tres, cuatro).	**Είμαστε δύο (τρία, τέσσερα) άτομα.** [ímaste ðío (tría, tésera) átoma]
Para fumadores	**Επιτρέπεται Κάπνισμα** [epitrépete kápnizma]
Para no fumadores	**Απαγορεύεται το κάπνισμα** [apaγorévete to kápnizma]
¡Por favor! (llamar al camarero)	**Συγνώμη!** [siγnómi!]
la carta	**κατάλογος φαγητού** [katáliογos fajitú]
la carta de vinos	**κατάλογος κρασιών** [katáliογos krasión]
La carta, por favor.	**Τον κατάλογο, παρακαλώ.** [ton katáliογo, parakaliό]
¿Está listo para pedir?	**Είστε έτοιμος να παραγγείλετε;** [íste étimos na parangílete?]
¿Qué quieren pedir?	**Τι θα πάρετε;** [ti θa párete?]
Yo quiero ...	**Θα πάρω ...** [θa páro ...]
Soy vegetariano.	**Είμαι χορτοφάγος.** [íme xortofáγos]
carne	**κρέας** [kréas]
pescado	**ψάρι** [psári]
verduras	**λαχανικά** [liaxaniká]
¿Tiene platos para vegetarianos?	**Έχετε πιάτα για χορτοφάγους;** [éxete piáta ja xortofágus?]
No como cerdo.	**Δεν τρώω χοιρινό.** [ðen tróo xirinó]
Él /Ella/ no come carne.	**Αυτός /αυτή/ δεν τρώει κρέας.** [aftós /aftí/ ðen trói kréas]

Soy alérgico a ...	Είμαι αλλεργικός στο ... [íme alerjikós sto ...]
¿Me puede traer ..., por favor?	Μπορείτε παρακαλώ να μου φέρετε ... [boríte parakalió na mu férete ...]
sal | pimienta | azúcar	αλάτι | πιπέρι | ζάχαρη [aliáti | pipéri | záxari]
café | té | postre	καφέ | τσάι | επιδόρπιο [kafé | tsái | epiðórpio]
agua | con gas | sin gas	νερό | ανθρακούχο | φυσικό μεταλλικό [neró | anθrakúxo | fisikó metalikó]
una cuchara | un tenedor | un cuchillo	ένα κουτάλι | πιρούνι | μαχαίρι [éna kutáli | pirúni | maxéri]
un plato | una servilleta	ένα πιάτο | πετσέτα [éna piáto | petséta]
¡Buen provecho!	Καλή όρεξη! [kalí óreksí!]
Uno más, por favor.	Ένα ακόμα, παρακαλώ. [éna akóma, parakalió]
Estaba delicioso.	Ήταν πολύ νόστιμο. [ítan polí nóstimo]
la cuenta | el cambio | la propina	λογαριασμός | ρέστα | πουρμπουάρ [lioɣariazmós | résta | purbuár]
La cuenta, por favor.	Τον λογαριασμό, παρακαλώ. [ton lioɣariazmó, parakalió]
¿Puedo pagar con tarjeta?	Μπορώ να πληρώσω με πιστωτική κάρτα; [boró na pliróso me pistotikí kárta?]
Perdone, aquí hay un error.	Συγγνώμη, εδώ υπάρχει ένα λάθος. [siɣnómi, eðó ipárxi éna liáθos]

De Compras

¿Puedo ayudarle?	Τι θα θέλατε παρακαλώ; [ti θa θél'ate parakal'ó?]
¿Tiene ...?	Έχετε ...; [éxete ...?]
Busco ...	Ψάχνω για ... [psáxno ja ...]
Necesito ...	Χρειάζομαι ... [xriázome ...]
Sólo estoy mirando.	Ρίχνω απλώς μία ματιά. [ríxno apl'ós mía matiá]
Sólo estamos mirando.	Ρίχνουμε απλώς μία ματιά. [ríxnume apl'ós mía matiá]
Volveré más tarde.	Θα ξαναέρθω αργότερα. [θa ksanaérθo aryótera]
Volveremos más tarde.	Θα ξαναέρθουμε αργότερα. [θa ksanaérθume aryótera]
descuentos | oferta	εκπτώσεις | πώληση με προσφορά [ekptósis | pólisi me prosforá]
Por favor, enséñeme ...	Μπορείτε παρακαλώ να μου δείξετε ... [boríte parakal'ó na mu δíksete ...]
¿Me puede dar ..., por favor?	Μπορείτε παρακαλώ να μου δώσετε ... [boríte parakal'ó na mu δósete ...]
¿Puedo probarmelo?	Μπορώ να το δοκιμάσω; [boró na to δokimáso?]
Perdone, ¿dónde están los probadores?	Συγνώμη, που είναι το δοκιμαστήριο; [siɣnómi, pu íne to δokimastírio?]
¿Qué color le gustaría?	Ποιο χρώμα θα θέλατε; [pio xróma θa θél'ate?]
la talla | el largo	μέγεθος | νούμερο [méjeθos | número]
¿Cómo le queda? (¿Está bien?)	Μου πάει; [mu pái?]
¿Cuánto cuesta esto?	Πόσο κάνει; [póso káni?]
Es muy caro.	Είναι πολύ ακριβό. [íne polí akrivó]
Me lo llevo.	Θα το πάρω. [θa to páro]

Perdone, ¿dónde está la caja?	Συγνώμη, που μπορώ να πληρώσω; [siɣnómi, pu boró na pliróso?]
¿Pagará en efectivo o con tarjeta?	Θα πληρώσετε με μετρητά ή με πιστωτική κάρτα; [θa plirósete me metritá i me pistotikí kárta?]
en efectivo | con tarjeta	Τοις μετρητοίς | με πιστωτική κάρτα [tis metritoís | me pistotikí kárta]
¿Quiere el recibo?	Θέλετε απόδειξη; [θélete apódiksi?]
Sí, por favor.	Ναι παρακαλώ. [ne parakaló]
No, gracias.	Όχι, είναι εντάξει. [óxi, íne endáksi]
Gracias. ¡Que tenga un buen día!	Ευχαριστώ. Καλή σας μέρα! [efxaristó. kalí sas méra!]

En la ciudad

Perdone, por favor.	Με συγχωρείτε, ... [me sinxoríte, ...]
Busco ...	Ψάχνω για ... [psáxno ja ...]
el metro	μετρό [metró]
mi hotel	το ξενοδοχείο μου [to ksenoðoxío mu]
el cine	σινεμά [sinemá]
una parada de taxis	πιάτσα ταξί [piátsa taksí]

un cajero automático	ATM [eitiém]
una oficina de cambio	ανταλλακτήριο συναλλάγματος [adallaktírio sinallágmatos]
un cibercafé	ίντερνετ καφέ [ínternet kafé]
la calle ...	την οδό ... [tin oðó ...]
este lugar	αυτό το μέρος [aftó to méros]

¿Sabe usted dónde está ...?	Ξέρετε πού είναι ...; [ksérete pú íne ...?]
¿Cómo se llama esta calle?	Ποια οδός είναι αυτή; [pia oðós íne aftí?]
Muestreme dónde estamos ahora.	Δείξετε μου που βρισκόμαστε αυτή τη στιγμή. [ðíksete mu pu vriskómaste aftí ti stiγmí]
¿Puedo llegar a pie?	Μπορώ να πάω εκεί με τα πόδια; [boró na páo ekí me ta pódia?]
¿Tiene un mapa de la ciudad?	Μήπως έχετε χάρτη της πόλης; [mípos éxete xárti tis pólis?]

¿Cuánto cuesta la entrada?	Πόσο κάνει το εισιτήριο για να μπέις μέσα; [póso káni to isitírio ja na béis mésa?]
¿Se pueden hacer fotos aquí?	Μπορώ να βγάλω φωτογραφίες εδώ; [boró na vγállo fotografíes eðó?]

¿Está abierto?	**Είστε ανοικτά;** [íste aniktá?]
¿A qué hora abren?	**Πότε ανοίγετε;** [póte aníjete?]
¿A qué hora cierran?	**Πότε κλείνετε;** [póte klínete?]

Dinero

dinero	χρήματα [xrímata]
efectivo	μετρητά [metritá]
billetes	χαρτονομίσματα [xartonomízmata]
monedas	ρέστα [résta]
la cuenta | el cambio | la propina	λογαριασμός | ρέστα | πουρμπουάρ [lⁱoɣariazmós | résta | purbuár]
la tarjeta de crédito	πιστωτική κάρτα [pistotikí kárta]
la cartera	πορτοφόλι [portofóli]
comprar	αγοράζω [aɣorázo]
pagar	πληρώνω [pliróno]
la multa	πρόστιμο [próstimo]
gratis	δωρεάν [ðoreán]
¿Dónde puedo comprar ...?	Πού μπορώ να αγοράσω ...; [pú boró na aɣoráso ...?]
¿Está el banco abierto ahora?	Είναι τώρα η τράπεζα ανοιχτή; [íne tóra i trápeza anixtí?]
¿A qué hora abre?	Πότε ανοίγει; [póte aníji?]
¿A qué hora cierra?	Πότε κλείνει; [póte klíni?]
¿Cuánto cuesta?	Πόσο κάνει; [póso káni?]
¿Cuánto cuesta esto?	Πόσο κάνει αυτό; [póso káni aftó?]
Es muy caro.	Είναι πολύ ακριβό. [íne polí akrivó]
Perdone, ¿dónde está la caja?	Συγνώμη, που μπορώ να πληρώσω; [siɣnómi, pu boró na pliróso?]
La cuenta, por favor.	Τον λογαριασμό, παρακαλώ. [ton lⁱoɣariazmó, parakalⁱó]

¿Puedo pagar con tarjeta? | Μπορώ να πληρώσω με πιστωτική κάρτα;
[boró na pliróso me pistotikí kárta?]

¿Hay un cajero por aquí? | Μήπως υπάρχει εδώ κοντά κάποιο ATM;
[mípos ipárxi eðó kondá kápio eitiém?]

Busco un cajero automático. | Ψάχνω να βρω ένα ATM.
[psáxno ja na vro éna eitiém]

Busco una oficina de cambio. | Ψάχνω για ένα ανταλλακτήριο συναλλάγματος.
[psáxno ja éna andalʲaktírio sinalʲáɣmatos]

Quisiera cambiar ... | Θα ήθελα να αλλάξω ...
[θa íθelʲa na alʲákso ...]

¿Cuál es el tipo de cambio? | Ποια είναι η τιμή συναλλάγματος;
[pia íne i timí sinalʲáɣmatos?]

¿Necesita mi pasaporte? | Θέλετε το διαβατήριο μου;
[θélete to ðiavatírio mu?]

Tiempo

¿Qué hora es?	Τι ώρα είναι; [ti óra íne?]
¿Cuándo?	Πότε; [póte?]
¿A qué hora?	Τι ώρα; [ti óra?]
ahora | luego | después de ...	τώρα | αργότερα | μετά ... [tóra | aryótera | metá ...]
la una	μία η ώρα [mía i óra]
la una y cuarto	μία και τέταρτο [mía ke tétarto]
la una y medio	μία και μισή [mía ke misí]
las dos menos cuarto	δύο παρά τέταρτο [δío pará tétarto]
una | dos | tres	μία | δύο | τρις [mía | δío | tris]
cuatro | cinco | seis	τέσσερις | πέντε | έξι [téseris | pénde | éksi]
siete | ocho | nueve	επτά | οκτώ | εννέα [eptá | októ | enéa]
diez | once | doce	δέκα | έντεκα | δώδεκα [δéka | éndeka | δóδeka]
en ...	σε ... [se ...]
cinco minutos	πέντε λεπτά [pénde leptá]
diez minutos	δέκα λεπτά [δéka leptá]
quince minutos	δεκαπέντε λεπτά [δekapénde leptá]
veinte minutos	είκοσι λεπτά [íkosi leptá]
media hora	μισή ώρα [misí óra]
una hora	μια ώρα [mia óra]
por la mañana	το πρωί [to proí]

por la mañana temprano	νωρίς το πρωί [norís to proí]
esta mañana	σήμερα το πρωί [símera to proí]
mañana por la mañana	αύριο το πρωί [ávrio to proí]
al mediodía	την ώρα του μεσημεριανού [tin óra tu mesimerianú]
por la tarde	το απόγευμα [to apójevma]
por la noche	το βράδυ [to vrádi]
esta noche	απόψε [apópse]
por la noche	την νύχτα [tin níxta]
ayer	εχθές [exthés]
hoy	σήμερα [símera]
mañana	αύριο [ávrio]
pasado mañana	μεθαύριο [methávrio]
¿Qué día es hoy?	Τι μέρα είναι σήμερα; [ti méra íne símera?]
Es ...	Είναι ... [íne ...]
lunes	Δευτέρα [ðeftéra]
martes	Τρίτη [tríti]
miércoles	Τετάρτη [tetárti]
jueves	Πέμπτη [pémpti]
viernes	Παρασκευή [paraskeví]
sábado	Σάββατο [sávato]
domingo	Κυριακή [kiriakí]

Saludos. Presentaciones.

Hola.	Γεια σας. [ja sas]
Encantado /Encantada/ de conocerle.	Χάρηκα που σας γνώρισα. [xárika pu sas ɣnórisa]
Yo también.	Και εγώ επίσης. [ke eɣó epísis]
Le presento a ...	Θα ήθελα να συναντήσεις ... [θa íθel'a na sinandísis ...]
Encantado.	Χαίρομαι που σας γνωρίζω. [xérome pu sas ɣnorízo]
¿Cómo está?	Τι κάνετε; Πώς είστε; [ti kánete? pós íste?]
Me llamo ...	Ονομάζομαι ... [onomázome ...]
Se llama ...	Το όνομά του είναι ... [to ónomá tu íne ...]
Se llama ...	Το όνομά της είναι ... [to ónomá tes íne ...]
¿Cómo se llama (usted)?	Πώς ονομάζεστε; [pós onomázeste?]
¿Cómo se llama (él)?	Πώς ονομάζεται; [pós onomázete?]
¿Cómo se llama (ella)?	Πώς ονομάζεται; [pós onomázete?]
¿Cuál es su apellido?	Ποιο είναι το επώνυμό σας; [pio íne to epónimó sas?]
Puede llamarme ...	Μπορείτε να με λέτε ... [boríte na me léte ...]
¿De dónde es usted?	Από πού είστε; [apó pú íste?]
Yo soy de	Είμαι από ... [íme apó ...]
¿A qué se dedica?	Ποιο είναι το επάγγελμά σας; [pio íne to epángel'má sas?]
¿Quién es?	Ποιος είναι αυτός ο άνθρωπος; [pios íne aftós o ánθropos?]
¿Quién es él?	Ποιος είναι αυτός; [pios íne aftós?]
¿Quién es ella?	Ποια είναι αυτή; [pia íne aftí?]
¿Quiénes son?	Ποιοι είναι αυτοί; [pii íne aftí?]

Este es ...	Αυτός είναι ... [aftós íne ...]
mi amigo	ο φίλος μου [o fílios mu]
mi amiga	η φίλη μου [i fíli mu]
mi marido	ο σύζυγός μου [o síziγós mu]
mi mujer	η σύζυγός μου [i síziγós mu]
mi padre	ο πατέρας μου [o patéras mu]
mi madre	η μητέρα μου [i mitéra mu]
mi hermano	ο αδελφός μου [o aðelifós mu]
mi hermana	η αδελφή μου [i aðelifí mu]
mi hijo	ο γιός μου [o jiós mu]
mi hija	η κόρη μου [i kóri mu]
Este es nuestro hijo.	Αυτός είναι ο γιός μας. [aftós íne o jiós mas]
Esta es nuestra hija.	Αυτή είναι η κόρη μας. [aftí íne i kóri mas]
Estos son mis hijos.	Αυτά είναι τα παιδιά μου. [aftá íne ta peðiá mu]
Estos son nuestros hijos.	Αυτά είναι τα παιδιά μας. [aftá íne ta peðiá mas]

Despedidas

¡Adiós!	Αντίο! [adío!]
¡Chau!	Γεια σου! [ja su!]
Hasta mañana.	Θα σας δω αύριο. [θa sas ðo ávrio]
Hasta pronto.	Θα σε δω σύντομα. [θa se ðo síndoma]
Te veo a las siete.	Θα σε δω στις επτά. [θa se ðo stis eptá]

¡Que se diviertan!	Καλή διασκέδαση! [kalí ðiaskéðasi!]
Hablamos más tarde.	Θα τα πούμε αργότερα. [θa ta púme aryótera]
Que tengas un buen fin de semana.	Καλό σαββατοκύριακο. [kalʲó savatokíriako]
Buenas noches.	Καλή νύχτα σας. [kalí níxta sas]

Es hora de irme.	Είναι ώρα να πηγαίνω. [íne óra na pijéno]
Tengo que irme.	Πρέπει να φύγω. [prépi na fíɣo]
Ahora vuelvo.	Θα γυρίσω αμέσως. [θa jiríso amésos]

Es tarde.	Είναι αργά. [íne aryá]
Tengo que levantarme temprano.	Πρέπει να ξυπνήσω νωρίς. [prépi na ksipníso norís]
Me voy mañana.	Φεύγω αύριο. [févɣo ávrio]
Nos vamos mañana.	Φεύγουμε αύριο. [févɣume ávrio]

¡Que tenga un buen viaje!	Καλό σας ταξίδι! [kalʲó sas taksíði!]
Ha sido un placer.	Χάρηκα που σας γνώρισα. [xárika pu sas ɣnórisa]
Fue un placer hablar con usted.	Χάρηκα που μιλήσαμε. [xárika pu milísame]
Gracias por todo.	Ευχαριστώ για όλα. [efxaristó ja ólʲa]

Lo he pasado muy bien.	Πέρασα πολύ καλά. [pérasa polí kal¹á]
Lo pasamos muy bien.	Περάσαμε πολύ καλά. [perásame polí kal¹á]
Fue genial.	Ήταν πραγματικά υπέροχα. [ítan praɣmatiká ipéroxa]
Le voy a echar de menos.	Θα μου λείψετε. [θa mu lípsete]
Le vamos a echar de menos.	Θα μας λείψετε. [θa mas lípsete]

¡Suerte!	Καλή τύχη! [kalí tíxi!]
Saludos a ...	Χαιρετίσματα σε ... [xeretízmata se ...]

Idioma extranjero

No entiendo.	Δεν καταλαβαίνω. [ðen katalʲavéno]
Escríbalo, por favor.	Μπορείτε σας παρακαλώ να το γράψετε; [boríte sas parakalʲó na to ɣrápsete?]
¿Habla usted ...?	Μιλάτε ...; [milʲáte ...?]

Hablo un poco de ...	Μιλάω λίγο ... [milʲáo líɣo ...]
inglés	αγγλικά [angliká]
turco	τουρκικά [turkiká]
árabe	αραβικά [araviká]
francés	γαλλικά [ɣaliká]

alemán	γερμανικά [jermaniká]
italiano	ιταλικά [italiká]
español	ισπανικά [ispaniká]
portugués	πορτογαλικά [portoɣaliká]
chino	κινέζικα [kinézika]
japonés	ιαπωνικά [japoniká]

¿Puede repetirlo, por favor?	Μπορείτε παρακαλώ να το επαναλάβετε; [boríte parakalʲó na to epanalʲávete?]
Lo entiendo.	Καταλαβαίνω. [katalʲavéno]
No entiendo.	Δεν καταλαβαίνω. [ðen katalʲavéno]
Hable más despacio, por favor.	Παρακαλώ μιλάτε πιο αργά. [parakalʲó milʲáte pio arɣá]

¿Está bien? **Είναι σωστό αυτό;**
[íne sostó aftó?]

¿Qué es esto? (¿Que significa esto?) **Τι είναι αυτό;**
[ti íne aftó?]

Disculpas

Perdone, por favor.	Με συγχωρείτε, παρακαλώ.
	[me sinxoríte, parakaló]
Lo siento.	Λυπάμαι.
	[lipáme]
Lo siento mucho.	Λυπάμαι πολύ.
	[lipáme polí]
Perdón, fue culpa mía.	Με συγχωρείτε, ήταν λάθος μου.
	[me sinxoríte, ítan láthos mu]
Culpa mía.	Είναι λάθος μου.
	[íne láthos mu]

¿Puedo ...?	Θα μπορούσα να ...;
	[tha borúsa na ...?]
¿Le molesta si ...?	Θα σας πείραζε να ...;
	[tha sas píraze na ...?]
¡No hay problema! (No pasa nada.)	Είναι εντάξει.
	[íne endáksi]
Todo está bien.	Εντάξει.
	[endáksi]
No se preocupe.	Μην σας απασχολεί.
	[min sas apasxolí]

Acuerdos

Sí.	**Ναι.** [ne]
Sí, claro.	**Ναι, φυσικά.** [ne, fisiká]
Bien.	**Εντάξει! Καλά!** [endáksi! kal'á!]
Muy bien.	**Πολύ καλά.** [polí kal'á]
¡Claro que sí!	**Φυσικά!** [fisiká!]
Estoy de acuerdo.	**Συμφωνώ.** [simfonó]
Es verdad.	**Αυτό είναι σωστό.** [aftó íne sostó]
Es correcto.	**Σωστά.** [sostá]
Tiene razón.	**Έχετε δίκιο.** [éxete δíkio]
No me molesta.	**Δεν με πειράζει.** [δen me pirázi]
Es completamente cierto.	**Απολύτως σωστό.** [apolítos sostó]
Es posible.	**Είναι πιθανό.** [íne piθanó]
Es una buena idea.	**Είναι μία καλή ιδέα.** [íne mía kalí iδéa]
No puedo decir que no.	**Δεν μπορώ να αρνηθώ.** [δen boró na arniθó]
Estaré encantado /encantada/.	**Βεβαίως.** [vevéos]
Será un placer.	**Ευχαρίστως.** [efxarístos]

Rechazo. Expresar duda

No.	Όχι. [óxi]
Claro que no.	Βέβαια όχι. [vévea óxi]
No estoy de acuerdo.	Δεν συμφωνώ. [ðen simfonó]
No lo creo.	Δεν νομίζω [ðen nomízo]
No es verdad.	Δεν είναι αλήθεια. [ðen íne alíθia]

No tiene razón.	Κάνετε λάθος. [kánete l'áθos]
Creo que no tiene razón.	Νομίζω ότι κάνετε λάθος. [nomízo óti kánete l'áθos]
No estoy seguro /segura/.	Δεν είμαι σίγουρος. [ðen íme síɣuros]
No es posible.	Είναι αδύνατο. [íne aðínato]
¡Nada de eso!	Τίποτα τέτοιο! [típota tétio!]

Justo lo contrario.	Το ακριβώς αντίθετο. [to akrivós andíθeto]
Estoy en contra de ello.	Διαφωνώ με αυτό. [ðiafonó me aftó]
No me importa. (Me da igual.)	Δεν με νοιάζει. [ðen me niázi]
No tengo ni idea.	Δεν έχω ιδέα. [ðen éxo iðéa]
Dudo que sea así.	Δεν νομίζω [ðen nomízo]

Lo siento, no puedo.	Με συγχωρείτε, δεν μπορώ. [me sinxoríte, ðen boró]
Lo siento, no quiero.	Με συγχωρείτε, δεν θέλω να. [me sinxoríte, ðen θél'o na]
Gracias, pero no lo necesito.	Ευχαριστώ, αλλά δεν το χρειάζομαι αυτό. [efxaristó, al'á ðen to xriázome aftó]

Ya es tarde.	**Είναι αργά.** [íne aryá]
Tengo que levantarme temprano.	**Πρέπει να σηκωθώ νωρίς.** [prépi na sekoθó norís]
Me encuentro mal.	**Δεν αισθάνομαι καλά.** [ðen esθánome kaliá]

T&P Books. Guía de conversación Español-Griego y diccionario conciso de 1500 palabras

Expresar gratitud

Gracias.	Σας ευχαριστώ. [sas efxaristó]
Muchas gracias.	Σας ευχαριστώ πολύ. [sas efxaristó polí]
De verdad lo aprecio.	Το εκτιμώ πολύ. [to ektimó polí]
Se lo agradezco.	Σας είμαι πραγματικά ευγνώμων. [sas íme praɣmatiká evɣnómon]
Se lo agradecemos.	Σας είμαστε πραγματικά ευγνώμονες. [sas ímaste praɣmatiká evɣnómones]

Gracias por su tiempo.	Σας ευχαριστώ για τον χρόνο σας. [sas efxaristó ja ton xróno sas]
Gracias por todo.	Ευχαριστώ για όλα. [efxaristó ja óla]
Gracias por ...	Σας ευχαριστώ για ... [sas efxaristó ja ...]
su ayuda	την βοήθειά σας [tin voíθiá sas]
tan agradable momento	να περάσετε καλά [na perásete kalá]

una comida estupenda	ένα υπέροχο γεύμα [éna ipéroxo jévma]
una velada tan agradable	ένα ευχάριστο βράδυ [éna efxáristo vráði]
un día maravilloso	μια υπέροχη μέρα [mia ipéroxi méra]
un viaje increíble	ένα καταπληκτικό ταξίδι [éna katapliktikó taksíði]

No hay de qué.	Δεν είναι τίποτα [ðen íne típota]
De nada.	Παρακαλώ, δεν κάνει τίποτα. [parakaló, ðen káni típota]
Siempre a su disposición.	Οποτεδήποτε. [opoteðípote]
Encantado /Encantada/ de ayudarle.	Είναι ευχαρίστηση μου. [íne efxarístisi mu]
No hay de qué.	Ξέχνα το. [kséxna to]
No tiene importancia.	Μην σας απασχολεί. [min sas apasxolí]

Felicitaciones, Mejores Deseos

¡Felicidades!	**Συγχαρητήρια!** [sinxaritíria!]
¡Feliz Cumpleaños!	**Χρόνια πολλά!** [xrónia polʲá!]
¡Feliz Navidad!	**Καλά Χριστούγεννα!** [kalʲá xristújena!]
¡Feliz Año Nuevo!	**Καλή Χρονιά!** [kalí xroniá!]
¡Felices Pascuas!	**Καλό Πάσχα!** [kalʲó pásxa!]
¡Feliz Hanukkah!	**Καλό Χάνουκα!** [kalʲó xánuka!]
Quiero brindar.	**Θα ήθελα να κάνω μία πρόποση** [θa íθelʲa na káno mía próposi]
¡Salud!	**Γεια μας!** [ja mas!]
¡Brindemos por ...!	**Ας πιούμε στην υγειά του ...!** [as piúme stin ijiá tu ...!]
¡A nuestro éxito!	**Στην επιτυχία μας!** [stin epitixía mas!]
¡A su éxito!	**Στην επιτυχία σας!** [stin epitixía sas!]
¡Suerte!	**Καλή τύχη!** [kalí tíxi]
¡Que tenga un buen día!	**Να έχετε μια ευχάριστη μέρα!** [na éxete mia efxáristi méra!]
¡Que tenga unas buenas vacaciones!	**Καλές διακοπές!** [kalés ðiakopés!]
¡Que tenga un buen viaje!	**Να έχετε ένα ασφαλές ταξίδι!** [na éxete éna asfalés taksíði!]
¡Espero que se recupere pronto!	**Ελπίζω να αναρρώσετε σύντομα!** [elʲpízo na anarósete síntoma!]

Socializarse

¿Por qué está triste?	Γιατί είστε λυπημένος; [jatí íste lipeménos?]
¡Sonría! ¡Anímese!	Χαμογελάστε! [xamojeliáste!]
¿Está libre esta noche?	Έχετε χρόνο απόψε; [éxete xróno apópse?]

¿Puedo ofrecerle algo de beber?	Θα μπορούσα να σας προσφέρω ένα ποτό; [θa borúsa na sas prosféro éna potó?]
¿Querría bailar conmigo?	Θα θέλατε να χορέψουμε; [θa θéliate na xorépsume?]
Vamos a ir al cine.	Πάμε σινεμά. [páme sinemá]

¿Puedo invitarle a ...?	Θα μπορούσα να σας προσκαλέσω σε ...; [θa borúsa na sas proskaléso se ...?]
un restaurante	δείπνο [δípno]
el cine	σινεμά [sinemá]
el teatro	θέατρο [θéatro]
dar una vuelta	για μια βόλτα [jia mia vólita]

¿A qué hora?	Τι ώρα; [ti óra?]
esta noche	απόψε [apópse]
a las seis	στις έξι [stis éksi]
a las siete	στις επτά [stis eptá]
a las ocho	στις οκτώ [stis októ]
a las nueve	στις εννέα [stis enéa]

Español	Griego
¿Le gusta este lugar?	Σας αρέσει εδώ; [sas arési eðó?]
¿Está aquí con alguien?	Είστε εδώ με κάποιον; [íste eðó me kápion?]
Estoy con mi amigo /amiga/.	Είμαι με τον φίλο μου. [íme me ton fíl'o mu]
Estoy con amigos.	Είμαι με τους φίλους μου. [íme me tus fíl'us mu]
No, estoy solo /sola/.	Όχι, είμαι μόνος /μόνη/. [óxi, íme mónos /móni/]
¿Tienes novio?	Έχεις αγόρι; [éxis aɣóri?]
Tengo novio.	Έχω αγόρι. [éxo aɣóri]
¿Tienes novia?	Έχεις κορίτσι; [éxis korítsi?]
Tengo novia.	Έχω κορίτσι. [éxo korítsi]
¿Te puedo volver a ver?	Θέλεις να ξαναβρεθούμε; [θélis na ksanavreθúme?]
¿Te puedo llamar?	Μπορώ να σου τηλεφωνήσω; [boró na su tilefoníso?]
Llámame.	Πάρε με τηλέφωνο. [páre me tiléfono]
¿Cuál es tu número?	Ποιος είναι ο αριθμός σου; [pios íne o ariθmós su?]
Te echo de menos.	Μου λείπεις. [mu lípis]
¡Qué nombre tan bonito!	Έχετε ωραίο όνομα. [éxete oréo ónoma]
Te quiero.	Σ'αγαπώ. [saɣapó]
¿Te casarías conmigo?	Θα με παντρευτείς; [θa me pandreftís?]
¡Está de broma!	Αστειεύεστε! [astiéveste!]
Sólo estoy bromeando.	Απλώς αστειεύομαι. [apl'ós astiévome]
¿En serio?	Μιλάτε σοβαρά; [mil'áte sovará?]
Lo digo en serio.	Μιλώ σοβαρά. [mil'ó sovará]
¿De verdad?	Αλήθεια; [alíθia?]
¡Es increíble!	Είναι απίστευτο! [íne apístefto!]

No le creo.	Δεν σας πιστεύω. [ðen sas pistévo]
No puedo.	Δεν μπορώ. [ðen boró]
No lo sé.	Δεν ξέρω. [ðen kséro]
No le entiendo.	Δεν σας καταλαβαίνω. [ðen sas katalavéno]
Váyase, por favor.	Παρακαλώ φύγετε. [parakaló fíjete]
¡Déjeme en paz!	Αφήστε με ήσυχη! [afíste me ésixi!]
Es inaguantable.	Δεν τον αντέχω. [ðen ton adéxo]
¡Es un asqueroso!	Είστε απαίσιος! [íste apésios!]
¡Llamaré a la policía!	Θα καλέσω την αστυνομία! [θa kaléso tin astinomía!]

Compartir impresiones. Emociones

Me gusta.	Μου αρέσει. [mu arési]
Muy lindo.	Πολύ ωραίο. [polí oréo]
¡Es genial!	Είναι θαυμάσιο! [íne thavmásio!]
No está mal.	Δεν είναι κακό. [ðen íne kakó]
No me gusta.	Δεν μου αρέσει. [ðen mu arési]
No está bien.	Δεν είναι καλό. [ðen íne kaló]
Está mal.	Είναι κακό. [íne kakó]
Está muy mal.	Είναι πολύ κακό. [íne polí kakó]
¡Qué asco!	Είναι αηδιαστικό. [íne aiðiastikó]
Estoy feliz.	Είμαι χαρούμενος /χαρούμενη/. [íme xarúmenos /xarúmeni/]
Estoy contento /contenta/.	Είμαι ικανοποιημένος /ικανοποιημένη/. [íme ikanopiménos /ikanopiméni/]
Estoy enamorado /enamorada/.	Είμαι ερωτευμένος /ερωτευμένη/. [íme erotevménos /erotevméni/]
Estoy tranquilo.	Είμαι ήρεμος /ήρεμη/. [íme íremos /íremi/]
Estoy aburrido.	Βαριέμαι. [variéme]
Estoy cansado /cansada/.	Είμαι κουρασμένος /κουρασμένη/. [íme kurazménos /kurazméni/]
Estoy triste.	Είμαι στενοχωρημένος /στενοχωρημένη/. [íme stenoxoriménos /stenoxoriméni/]
Estoy asustado.	Φοβάμαι. [fováme]
Estoy enfadado /enfadada/.	Είμαι θυμωμένος /θυμωμένη/. [íme thimoménos /thimoméni/]

Estoy preocupado /preocupada/.	**Ανησυχώ** [anesixó]
Estoy nervioso /nerviosa/.	**Είμαι νευρικός /νευρική/.** [íme nevrikós /nevrikí/]
Estoy celoso /celosa/.	**Ζηλεύω.** [zilévo]
Estoy sorprendido /sorprendida/.	**Εκπλήσσομαι.** [ekplísome]
Estoy perplejo /perpleja/.	**Νιώθω αμήχανα.** [nióθo amíxana]

Problemas, Accidentes

Tengo un problema.	Έχω ένα πρόβλημα. [éxo éna próvlima]
Tenemos un problema.	Έχουμε ένα πρόβλημα. [éxume éna próvlima]
Estoy perdido /perdida/.	Χάθηκα. [xáθika]
Perdi el último autobús (tren).	Έχασα το τελευταίο λεωφορείο (τρένο). [éxasa to teleftéo leoforío (tréno)]
No me queda más dinero.	Δεν έχω άλλα χρήματα. [ðen éxo ál'a xrímata]

He perdido ...	Έχασα το ... μου [éxasa to ... mu]
Me han robado ...	Μου έκλεψαν το ... μου [mu éklepsan to ... mu]
mi pasaporte	διαβατήριο [ðiavatírio]
mi cartera	πορτοφόλι [portofóli]
mis papeles	χαρτιά [xartiá]
mi billete	εισιτήριο [isitírio]

mi dinero	χρήματα [xrímata]
mi bolso	τσάντα [tsánda]
mi cámara	κάμερα [kámera]
mi portátil	λάπτοπ [l'áptop]
mi tableta	τάμπλετ [táblet]
mi teléfono	κινητό [kinitó]

¡Ayúdeme!	Βοηθήστε με! [voiθíste me!]
¿Qué pasó?	Τι συνέβη; [ti sinévi?]

el incendio	φωτιά [fotiá]
un tiroteo	πυροβολισμός [pirovolizmós]
el asesinato	φόνος [fónos]
una explosión	έκρηξη [ékriksi]
una pelea	καυγάς [kavγás]

¡Llame a la policía!	Καλέστε την αστυνομία! [kaléste tin astinomía!]
¡Más rápido, por favor!	Παρακαλώ βιαστείτε! [parakaló viastíte!]
Busco la comisaría.	Ψάχνω να βρω ένα αστυνομικό τμήμα. [psáxno na vro éna astinomikó tmíma]
Tengo que hacer una llamada.	Πρέπει να τηλεφωνήσω. [prépi na tilefoníso]
¿Puedo usar su teléfono?	Θα μπορούσα να χρησιμοποιήσω το τηλέφωνό σας; [θa borúsa na xresimopiéso to tiléfonó sas?]

Me han ...	Με ... [me ...]
asaltado /asaltada/	έδειραν [éðiran]
robado /robada/	λήστεψαν [lístepsan]
violada	βίασαν [víasan]
atacado /atacada/	επιτέθηκαν [epitéθikan]

¿Se encuentra bien?	Είστε καλά; [íste kalá?]
¿Ha visto quien a sido?	Είδατε ποιος ήταν; [íðate pios itan?]
¿Sería capaz de reconocer a la persona?	Μπορείτε να αναγνωρίσετε αυτό το άτομο; [boríte na anaγnorísete aftó to átomo?]
¿Está usted seguro?	Είστε σίγουρος; [íste síγuros?]

Por favor, cálmese.	Παρακαλώ ηρεμήστε. [parakaló iremíste]
¡Cálmese!	Με την ησυχία σας! [me tin esixía sas!]

¡No se preocupe!	**Μην ανησυχείτε!** [min anisixíte!]
Todo irá bien.	**Όλα θα πάνε καλά.** [ólʲa θa páne kalʲá]
Todo está bien.	**Όλα είναι εντάξει.** [ólʲa íne edáksi] |//
Venga aquí, por favor.	**Ελάτε εδώ, παρακαλώ.** [elʲáte eðó, parakalʲó]
Tengo unas preguntas para usted.	**Έχω να σας κάνω μερικές ερωτήσεις.** [éxo na sas káno merikés erotísis]
Espere un momento, por favor.	**Περιμένετε ένα λεπτό, παρακαλώ.** [periménete éna leptó, parakalʲó]
¿Tiene un documento de identidad?	**Έχετε την ταυτότητα σας μαζί σας;** [éxete tin taftótita sas mazí sas?]
Gracias. Puede irse ahora.	**Ευχαριστώ. Μπορείτε να φύγετε.** [efxaristó. boríte na fíjete]
¡Manos detrás de la cabeza!	**Τα χέρια πίσω από το κεφάλι σας!** [ta xéria píso apó to kefáli sas!]
¡Está arrestado!	**Συλλαμβάνεστε!** [silʲamváneste!]

Problemas de salud

Ayudeme, por favor.	Παρακαλώ βοηθήστε με. [parakaló voiθíste me]
No me encuentro bien.	Δεν αισθάνομαι καλά. [ðen esθánome kaljá]
Mi marido no se encuentra bien.	Ο σύζυγός μου δεν αισθάνεται καλά. [o síziγós mu ðen esθánete kaljá]
Mi hijo ...	Ο γιός μου ... [o jiós mu ...]
Mi padre ...	Ο πατέρας μου ... [o patéras mu ...]
Mi mujer no se encuentra bien.	Η γυναίκα μου δεν αισθάνεται καλά. [i jinéka mu ðen esθánete kaljá]
Mi hija ...	Η κόρη μου ... [i kóri mu ...]
Mi madre ...	Η μητέρα μου ... [i mitéra mu ...]
Me duele ...	Μου πονάει ... [mu ponái ...]
la cabeza	το κεφάλι [to kefáli]
la garganta	ο λαιμός [o lemós]
el estómago	το στομάχι [to stomáxi]
un diente	το δόντι [to ðóndi]
Estoy mareado.	Ζαλίζομαι. [zalízome]
Él tiene fiebre.	Αυτός έχει πυρετό. [aftós éxi piretó]
Ella tiene fiebre.	Αυτή έχει πυρετό. [afté éxi piretó]
No puedo respirar.	Δεν μπορώ να αναπνεύσω. [ðen boró na anapnéfso]
Me ahogo.	Μου κόπηκε η αναπνοή. [mu kópike i anapnoí]
Tengo asma.	Έχω άσθμα. [éxo ásθma]
Tengo diabetes.	Είμαι διαβητικός. [íme ðiavetikós]

No puedo dormir.	Έχω αϋπνία. [éxo aipnía]
intoxicación alimentaria	τροφική δηλητηρίαση [trofikí ðilitiríasi]

Me duele aquí.	Πονάω εδώ. [ponáo eðó]
¡Ayúdeme!	Βοηθήστε με! [voiθíste me!]
¡Estoy aquí!	Εδώ είμαι! [eðó íme!]
¡Estamos aquí!	Εδώ είμαστε! [eðó ímaste!]
¡Saquenme de aquí!	Πάρτε με από δώ! [párte me apó ðó!]

Necesito un médico.	Χρειάζομαι ένα γιατρό. [xriázome éna jatró]
No me puedo mover.	Δεν μπορώ να κουνηθώ. [ðen boró na kuniθó]
No puedo mover mis piernas.	Δεν μπορώ να κουνήσω τα πόδια μου. [ðen boró na kuníso ta póðia mu]

Tengo una herida.	Είμαι τραυματισμένος /τραυματισμένη/. [íme travmatizménos /travmatizméni/]
¿Es grave?	Είναι σοβαρό; [íne sovaró?]
Mis documentos están en mi bolsillo.	Τα χαρτιά μου είναι μέσα στην τσέπη μου. [ta xartiá mu íne mésa stin tsépi mu]

¡Cálmese!	Ηρεμήστε! [iremíste!]
¿Puedo usar su teléfono?	Θα μπορούσα να χρησιμοποιήσω το τηλέφωνο σας; [θa borúsa na xresimopiéso to tiléfono sas?]

¡Llame a una ambulancia!	Καλέστε ένα ασθενοφόρο! [kaléste éna asθenofóro!]
¡Es urgente!	Είναι επείγον! [íne epíγon!]
¡Es una emergencia!	Είναι επείγον! [íne epíγon!]
¡Más rápido, por favor!	Παρακαλώ βιαστείτε! [parakaló viastíte!]
¿Puede llamar a un médico, por favor?	Φωνάζετε παρακαλώ έναν γιατρό; [fonázete parakal'ó énan jatró?]

¿Dónde está el hospital?	Πού είναι το νοσοκομείο;
	[pú íne to nosokomío?]
¿Cómo se siente?	Πως αισθάνεστε;
	[pos estháneste?]
¿Se encuentra bien?	Είστε καλά;
	[íste kal'á?]
¿Qué pasó?	Τι έγινε;
	[ti éjine?]
Me encuentro mejor.	Νοιώθω καλύτερα τώρα.
	[niótho kalítera tóra]
Está bien.	Είναι εντάξει.
	[íne endáksi]
Todo está bien.	Όλα καλά.
	[ól'a kal'á]

En la farmacia

la farmacia	φαρμακείο [farmakío]
la farmacia 24 horas	εφημερεύον φαρμακείο [efmerévon farmakío]
¿Dónde está la farmacia más cercana?	Πού είναι το πιο κοντινό φαρμακείο; [pú íne to pio kondinó farmakío?]

¿Está abierta ahora?	Είναι ανοιχτό αυτήν την ώρα; [íne anixtó aftín tin óra?]
¿A qué hora abre?	Τι ώρα ανοίγει; [ti óra aníji?]
¿A qué hora cierra?	Τι ώρα κλείνει; [ti óra klíni?]

¿Está lejos?	Είναι μακριά από εδώ; [íne makriá apó eðó?]
¿Puedo llegar a pie?	Μπορώ να πάω εκεί με τα πόδια; [boró na páo ekí me ta pódia?]
¿Puede mostrarme en el mapa?	Μπορείτε να μου δείξετε στο χάρτη; [boríte na mu ðíksete sto chárti?]

Por favor, deme algo para ...	Παρακαλώ δώστε μου κάτι για ... [parakalió ðóste mu káti ja ...]
un dolor de cabeza	πονοκέφαλο [ponokéfalio]
la tos	βήχα [víxa]
el resfriado	το κρυολόγημα [to kriolióiima]
la gripe	γρίπη [grípi]

la fiebre	πυρετό [piretó]
un dolor de estomago	πόνο στο στομάχι [póno sto stomáxi]
nauseas	ναυτία [naftía]
la diarrea	διάρροια [ðiária]
el estreñimiento	δυσκοιλιότητα [ðiskiliótita]
un dolor de espalda	πόνο στην πλάτη [póno stin pliáti]

un dolor de pecho	πόνο στο στήθος [póno sto stíthos]
el flato	πόνο στα πλευρά [póno sta plevrá]
un dolor abdominal	πόνο στην κοιλιά [póno sten kiliá]
la píldora	χάπι [xápi]
la crema	αλοιφή, κρέμα [alifí, kréma]
el jarabe	σιρόπι [sirópi]
el spray	σπρέι [spréj]
las gotas	σταγόνες [stayónes]
Tiene que ir al hospital.	Πρέπει να πάτε στο νοσοκομείο. [prépi na páte sto nosokomío]
el seguro de salud	ιατροφαρμακευτική κάλυψη [jatrofarmakeftikí kálipsi]
la receta	συνταγή [sindají]
el repelente de insectos	εντομοαπωθητικό [endomoapoθitikó]
la curita	τσιρότο [tsiróto]

Lo más imprescindible

Perdone, ...	Συγνώμη, ... [siɣnómi, ...]
Hola.	Γεια σας. [ja sas]
Gracias.	Ευχαριστώ. [efxaristó]

Sí.	Ναι. [ne]
No.	Όχι. [óxi]
No lo sé.	Δεν ξέρω. [ðen kséro]
¿Dónde? | ¿A dónde? | ¿Cuándo?	Πού; | Προς τα πού; | Πότε; [pú? | pros ta pú? | póte?]

Necesito ...	Χρειάζομαι ... [xriázome ...]
Quiero ...	Θέλω ... [θéljo ...]
¿Tiene ...?	Έχετε ...; [éxete ...?]
¿Hay ... por aquí?	Μήπως υπάρχει ... εδώ; [mípos ipárxi ... eðó?]
¿Puedo ...?	Θα μπορούσα να ...; [θa borúsa na ...?]
..., por favor? (petición educada)	..., παρακαλώ [..., parakaljó]

Busco ...	Ψάχνω για ... [psáxno ja ...]
el servicio	τουαλέτα [tualéta]
un cajero automático	ATM [eitiém]
una farmacia	φαρμακείο [farmakío]
el hospital	νοσοκομείο [nosokomío]

la comisaría	αστυνομικό τμήμα [astinomikó tmíma]
el metro	μετρό [metró]

un taxi	ταξί [taksí]
la estación de tren	σιδηροδρομικό σταθμό [siðiroðromikó staθmó]

Me llamo ...	Ονομάζομαι ... [onomázome ...]
¿Cómo se llama?	Πώς ονομάζεστε; [pós onomázeste?]
¿Puede ayudarme, por favor?	Μπορείτε παρακαλώ να με βοηθήσετε; [boríte parakaľó na me voiθísete?]
Tengo un problema.	Έχω ένα πρόβλημα. [éxo éna próvlima]
Me encuentro mal.	Δεν αισθάνομαι καλά. [ðen esθánome kaľá]
¡Llame a una ambulancia!	Καλέστε ένα ασθενοφόρο! [kaléste éna asθenofóro!]
¿Puedo llamar, por favor?	Θα μπορούσα να κάνω ένα τηλέφωνο; [θa borúsa na káno éna tiléfono?]

Lo siento.	Συγνώμη. [siɣnómi]
De nada.	Παρακαλώ! [parakaľó!]

Yo	Εγώ, εμένα [eɣó, eména]
tú	εσύ [esí]
él	αυτός [aftós]
ella	αυτή [aftí]
ellos	αυτοί [aftí]
ellas	αυτές [aftés]
nosotros /nosotras/	εμείς [emís]
ustedes, vosotros	εσείς [esís]
usted	εσείς [esís]

ENTRADA	ΕΙΣΟΔΟΣ [ísoðos]
SALIDA	ΕΞΟΔΟΣ [éksoðos]

FUERA DE SERVICIO	**ΕΚΤΟΣ ΛΕΙΤΟΥΡΓΙΑΣ** [éktos liturjías]
CERRADO	**ΚΛΕΙΣΤΟ** [klísto]
ABIERTO	**ΑΝΟΙΚΤΟ** [aníkto]
PARA SEÑORAS	**ΓΥΝΑΙΚΩΝ** [jinekón]
PARA CABALLEROS	**ΑΝΔΡΩΝ** [ánðron]

DICCIONARIO CONCISO

Esta sección contiene más
de 1.500 palabras útiles.
El diccionario incluye muchos
términos gastronómicos
y será de gran ayuda para
pedir alimentos en un
restaurante o comprando
comestibles en la tienda

T&P Books Publishing

CONTENIDO DEL DICCIONARIO

1. La hora. El calendario	78
2. Números. Los numerales	79
3. El ser humano. Los familiares	80
4. El cuerpo. La anatomía humana	81
5. La medicina. Las drogas	83
6. Los sentimientos. Las emociones	84
7. La ropa. Accesorios personales	85
8. La ciudad. Las instituciones urbanas	86
9. El dinero. Las finanzas	87
10. El transporte	89
11. La comida. Unidad 1	90
12. La comida. Unidad 2	91
13. La casa. El apartamento. Unidad 1	92
14. La casa. El apartamento. Unidad 2	94
15. Los trabajos. El estatus social	95
16. Los deportes	96

17. Los idiomas extranjeros. La ortografía	98
18. La Tierra. La geografía	99
19. Los países. Unidad 1	100
20. Los países. Unidad 2	101
21. El tiempo. Los desastres naturales	103
22. Los animales. Unidad 1	104
23. Los animales. Unidad 2	105
24. Los árboles. Las plantas	106
25. Varias palabras útiles	108
26. Los adjetivos. Unidad 1	109
27. Los adjetivos. Unidad 2	110
28. Los verbos. Unidad 1	111
29. Los verbos. Unidad 2	113
30. Los verbos. Unidad 3	114

T&P Books Publishing

1. La hora. El calendario

tiempo (m)	χρόνος (αρ.)	[xrónos]
hora (f)	ώρα (θηλ.)	[óra]
media hora (f)	μισή ώρα (θηλ.)	[misí óra]
minuto (m)	λεπτό (ουδ.)	[leptó]
segundo (m)	δευτερόλεπτο (ουδ.)	[ðefterólepto]
hoy (adv)	σήμερα	[símera]
mañana (adv)	αύριο	[ávrio]
ayer (adv)	χθες, χτες	[xθes], [xtes]
lunes (m)	Δευτέρα (θηλ.)	[ðeftéra]
martes (m)	Τρίτη (θηλ.)	[tríti]
miércoles (m)	Τετάρτη (θηλ.)	[tetárti]
jueves (m)	Πέμπτη (θηλ.)	[pémpti]
viernes (m)	Παρασκευή (θηλ.)	[paraskeví]
sábado (m)	Σάββατο (ουδ.)	[sávato]
domingo (m)	Κυριακή (θηλ.)	[kiriakí]
día (m)	μέρα, ημέρα (θηλ.)	[méra], [iméra]
día (m) de trabajo	εργάσιμη μέρα (θηλ.)	[eryásimi méra]
día (m) de fiesta	αργία (θηλ.)	[arjía]
fin (m) de semana	σαββατοκύριακο (ουδ.)	[savatokíriako]
semana (f)	εβδομάδα (θηλ.)	[evðomáða]
semana (f) pasada	την προηγούμενη εβδομάδα	[tin proiχúmeni evðomáða]
semana (f) que viene	την επόμενη εβδομάδα	[tin epómeni evðomáða]
salida (f) del sol	ανατολή (θηλ.)	[anatolí]
puesta (f) del sol	ηλιοβασίλεμα (ουδ.)	[iliovasílema]
por la mañana	το πρωί	[to proí]
por la tarde	το απόγευμα	[to apójevma]
por la noche	το βράδυ	[to vráði]
esta noche (p.ej. 8:00 p.m.)	απόψε	[apópse]
por la noche	τη νύχτα	[ti níxta]
medianoche (f)	μεσάνυχτα (ουδ.πλ.)	[mesánixta]
enero (m)	Ιανουάριος (αρ.)	[januários]
febrero (m)	Φεβρουάριος (αρ.)	[fevruários]
marzo (m)	Μάρτιος (αρ.)	[mártios]
abril (m)	Απρίλιος (αρ.)	[aprílios]
mayo (m)	Μάιος (αρ.)	[májos]
junio (m)	Ιούνιος (αρ.)	[iúnios]

julio (m)	Ιούλιος (αρ.)	[iúlios]
agosto (m)	Αύγουστος (αρ.)	[ávγustos]
septiembre (m)	Σεπτέμβριος (αρ.)	[septémvrios]
octubre (m)	Οκτώβριος (αρ.)	[októvrios]
noviembre (m)	Νοέμβριος (αρ.)	[noémvrios]
diciembre (m)	Δεκέμβριος (αρ.)	[ðekémvrios]

en primavera	την άνοιξη	[tin ániksi]
en verano	το καλοκαίρι	[to kal'okéri]
en otoño	το φθινόπωρο	[to fθinóporo]
en invierno	το χειμώνα	[to ximóna]

mes (m)	μήνας (αρ.)	[mínas]
estación (f)	εποχή (θηλ.)	[epoxí]
año (m)	χρόνος (αρ.)	[xrónos]
siglo (m)	αιώνας (αρ.)	[eónas]

2. Números. Los numerales

cifra (f)	ψηφίο (ουδ.)	[psifío]
número (m) (~ cardinal)	αριθμός (αρ.)	[ariθmós]
menos (m)	μείον (ουδ.)	[míon]
más (m)	συν (ουδ.)	[sin]
suma (f)	ποσό (ουδ.)	[posó]

primero (adj)	πρώτος	[prótos]
segundo (adj)	δεύτερος	[ðéfteros]
tercero (adj)	τρίτος	[trítos]

cero	μηδέν	[miðén]
uno	ένα	[éna]
dos	δύο	[ðío]
tres	τρία	[tría]
cuatro	τέσσερα	[tésera]

cinco	πέντε	[pénde]
seis	έξι	[éksi]
siete	εφτά	[eftá]
ocho	οχτώ	[oxtó]
nueve	εννέα	[enéa]
diez	δέκα	[ðéka]

once	ένδεκα	[énðeka]
doce	δώδεκα	[ðóðeka]
trece	δεκατρία	[ðekatría]
catorce	δεκατέσσερα	[ðekatésera]
quince	δεκαπέντε	[ðekapénde]

| dieciséis | δεκαέξι | [ðekaéksi] |
| diecisiete | δεκαεφτά | [ðekaeftá] |

dieciocho	δεκαοχτώ	[ðekaoxtó]
diecinueve	δεκαεννέα	[ðekaenéa]
veinte	είκοσι	[íkosi]
treinta	τριάντα	[triánda]
cuarenta	σαράντα	[saránda]
cincuenta	πενήντα	[península]
sesenta	εξήντα	[eksínda]
setenta	εβδομήντα	[evðomínda]
ochenta	ογδόντα	[oɣðónda]
noventa	ενενήντα	[enenínda]
cien	εκατό	[ekató]
doscientos	διακόσια	[ðiakósia]
trescientos	τριακόσια	[triakósia]
cuatrocientos	τετρακόσια	[tetrakósia]
quinientos	πεντακόσια	[pendakósia]
seiscientos	εξακόσια	[eksakósia]
setecientos	εφτακόσια	[eftakósia]
ochocientos	οχτακόσια	[oxtakósia]
novecientos	εννιακόσια	[eniakósia]
mil	χίλια	[xília]
diez mil	δέκα χιλιάδες	[ðéka xiliáðes]
cien mil	εκατό χιλιάδες	[ekató xiliáðes]
millón (m)	εκατομμύριο (ουδ.)	[ekatomírio]
mil millones	δισεκατομμύριο (ουδ.)	[ðisekatomírio]

3. El ser humano. Los familiares

hombre (m) (varón)	άντρας, άνδρας (αρ.)	[ándras], [ánðras]
joven (m)	νεαρός (αρ.)	[nearós]
adolescente (m)	έφηβος (αρ.)	[éfivos]
mujer (f)	γυναίκα (θηλ.)	[ɟinéka]
muchacha (f)	κοπέλα (θηλ.)	[kopélʲa]
edad (f)	ηλικία (θηλ.)	[ilikía]
adulto	ενήλικος	[enílikos]
de edad media (adj)	μέσης ηλικίας	[mésis ilikías]
anciano, mayor (adj)	ηλικιωμένος	[ilikioménos]
viejo (adj)	γέρος	[ɟéros]
anciano (m)	γέρος (αρ.)	[ɟéros]
anciana (f)	γριά (θηλ.)	[ɣriá]
jubilación (f)	σύνταξη (θηλ.)	[síndaksi]
jubilarse	βγαίνω σε σύνταξη	[vʲéno se síndaksi]
jubilado (m)	συνταξιούχος (αρ.)	[sindaksiúxos]
madre (f)	μητέρα (θηλ.)	[mitéra]
padre (m)	πατέρας (αρ.)	[patéras]

hijo (m)	γιός (αρ.)	[ϳos]
hija (f)	κόρη (θηλ.)	[kóri]
hermano (m)	αδερφός (αρ.)	[aðerfós]
hermana (f)	αδερφή (θηλ.)	[aðerfí]

padres (pl)	γονείς (αρ.πλ.)	[γonís]
niño -a (m, f)	παιδί (ουδ.)	[peðí]
niños (pl)	παιδιά (ουδ.πλ.)	[peðiá]
madrastra (f)	μητριά (θηλ.)	[mitriá]
padrastro (m)	πατριός (αρ.)	[patriós]

abuela (f)	γιαγιά (θηλ.)	[ϳaϳá]
abuelo (m)	παπούς (αρ.)	[papús]
nieto (m)	εγγονός (αρ.)	[engonós]
nieta (f)	εγγονή (θηλ.)	[engoní]
nietos (pl)	εγγόνια (ουδ.πλ.)	[engónia]

tío (m)	θείος (αρ.)	[θíos]
tía (f)	θεία (θηλ.)	[θía]
sobrino (m)	ανιψιός (αρ.)	[anipsiós]
sobrina (f)	ανιψιά (θηλ.)	[anipsiá]

mujer (f)	γυναίκα (θηλ.)	[ϳinéka]
marido (m)	άνδρας (αρ.)	[ánðras]
casado (adj)	παντρεμένος	[pandreménos]
casada (adj)	παντρεμένη	[pandreméni]
viuda (f)	χήρα (θηλ.)	[xíra]
viudo (m)	χήρος (αρ.)	[xíros]

nombre (m)	όνομα (ουδ.)	[ónoma]
apellido (m)	επώνυμο (ουδ.)	[epónimo]

pariente (m)	συγγενής (αρ.)	[singenís]
amigo (m)	φίλος (αρ.)	[fílʲos]
amistad (f)	φιλία (θηλ.)	[filía]

compañero (m)	συνέταιρος (αρ.)	[sinéteros]
superior (m)	προϊστάμενος (αρ.)	[projstámenos]
colega (m, f)	συνεργάτης (αρ.)	[sinerγátis]
vecinos (pl)	γείτονες (αρ.πλ.)	[ϳítones]

4. El cuerpo. La anatomía humana

organismo (m)	οργανισμός (αρ.)	[orγanizmós]
cuerpo (m)	σώμα (ουδ.)	[sóma]
corazón (m)	καρδιά (θηλ.)	[karðiá]
sangre (f)	αίμα (ουδ.)	[éma]
cerebro (m)	εγκέφαλος (αρ.)	[engéfalʲos]
nervio (m)	νεύρο (ουδ.)	[névro]
hueso (m)	οστό (ουδ.)	[ostó]

esqueleto (m)	σκελετός (αρ.)	[skeletós]
columna (f) vertebral	σπονδυλική στήλη (θηλ.)	[sponðilikí stíli]
costilla (f)	πλευρό (ουδ.)	[plevró]
cráneo (m)	κρανίο (ουδ.)	[kranío]
músculo (m)	μυς (αρ.)	[mis]
pulmones (m pl)	πνεύμονες (αρ.πλ.)	[pnévmones]
piel (f)	δέρμα (ουδ.)	[ðérma]
cabeza (f)	κεφάλι (ουδ.)	[kefáli]
cara (f)	πρόσωπο (ουδ.)	[prósopo]
nariz (f)	μύτη (θηλ.)	[míti]
frente (f)	μέτωπο (ουδ.)	[métopo]
mejilla (f)	μάγουλο (ουδ.)	[máɣulʲo]
boca (f)	στόμα (ουδ.)	[stóma]
lengua (f)	γλώσσα (θηλ.)	[ɣlʲósa]
diente (m)	δόντι (ουδ.)	[ðóndi]
labios (m pl)	χείλη (ουδ.πλ.)	[xíli]
mentón (m)	πηγούνι (ουδ.)	[piɣúni]
oreja (f)	αυτί (ουδ.)	[aftí]
cuello (m)	αυχένας, σβέρκος (αρ.)	[afxénas], [svérkos]
garganta (f)	λαιμός (αρ.)	[lemós]
ojo (m)	μάτι (ουδ.)	[máti]
pupila (f)	κόρη (θηλ.)	[kóri]
ceja (f)	φρύδι (ουδ.)	[fríði]
pestaña (f)	βλεφαρίδα (θηλ.)	[vlefaríða]
pelo, cabello (m)	μαλλιά (ουδ.πλ.)	[maliá]
peinado (m)	χτένισμα (ουδ.)	[xténizma]
bigote (m)	μουστάκι (ουδ.)	[mustáki]
barba (f)	μούσι (ουδ.)	[músi]
tener (~ la barba)	φορώ	[foró]
calvo (adj)	φαλακρός	[falʲakrós]
mano (f)	χέρι (ουδ.)	[xéri]
brazo (m)	χέρι (ουδ.)	[xéri]
dedo (m)	δάχτυλο (ουδ.)	[ðáxtilʲo]
uña (f)	νύχι (ουδ.)	[níxi]
palma (f)	παλάμη (θηλ.)	[palʲámi]
hombro (m)	ώμος (αρ.)	[ómos]
pierna (f)	πόδι (ουδ.)	[póði]
planta (f)	πόδι (ουδ.)	[póði]
rodilla (f)	γόνατο (ουδ.)	[ɣónato]
talón (m)	φτέρνα (θηλ.)	[ftérna]
espalda (f)	πλάτη (θηλ.)	[plʲáti]
cintura (f), talle (m)	οσφύς (θηλ.)	[osfís]
lunar (m)	ελιά (θηλ.)	[eliá]
marca (f) de nacimiento	σημάδι εκ γενετής (ουδ.)	[simáði ek jenetís]

5. La medicina. Las drogas

Español	Griego	Pronunciación
salud (f)	υγεία (θηλ.)	[ijía]
sano (adj)	υγιής	[ijiís]
enfermedad (f)	αρρώστια (θηλ.)	[aróstia]
estar enfermo	είμαι άρρωστος	[íme árostos]
enfermo (adj)	άρρωστος	[árostos]
resfriado (m)	κρυολόγημα (ουδ.)	[krioljójima]
resfriarse (vr)	κρυολογώ	[krioljoγó]
angina (f)	αμυγδαλίτιδα (θηλ.)	[amiɣðalítiða]
pulmonía (f)	πνευμονία (θηλ.)	[pnevmonía]
gripe (f)	γρίπη (θηλ.)	[ɣrípi]
resfriado (m) (coriza)	συνάχι (ουδ.)	[sináxi]
tos (f)	βήχας (αρ.)	[víxas]
toser (vi)	βήχω	[víxo]
estornudar (vi)	φτερνίζομαι	[fternízome]
insulto (m)	αποπληξία (θηλ.)	[apopliksía]
ataque (m) cardiaco	έμφραγμα (ουδ.)	[émfraɣma]
alergia (f)	αλλεργία (θηλ.)	[alerjía]
asma (f)	άσθμα (ουδ.)	[ásθma]
diabetes (f)	διαβήτης (αρ.)	[ðiavítis]
tumor (m)	όγκος (αρ.)	[óngos]
cáncer (m)	καρκίνος (αρ.)	[karkínos]
alcoholismo (m)	αλκοολισμός (αρ.)	[aljkoolizmós]
SIDA (m)	AIDS (ουδ.)	[ejds]
fiebre (f)	πυρετός (αρ.)	[piretós]
mareo (m)	ναυτία (θηλ.)	[naftía]
moradura (f)	μελανιά (θηλ.)	[meljaniá]
chichón (m)	καρούμπαλο (ουδ.)	[karúmbaljo]
cojear (vi)	κουτσαίνω	[kutséno]
dislocación (f)	εξάρθρημα (ουδ.)	[eksárθrima]
dislocar (vt)	εξαρθρώνω	[eksaθróno]
fractura (f)	κάταγμα (ουδ.)	[kátaɣma]
quemadura (f)	έγκαυμα (ουδ.)	[éngavma]
herida (f)	τραυματισμός (αρ.)	[travmatizmós]
dolor (m)	πόνος (αρ.)	[pónos]
dolor (m) de muelas	πονόδοντος (αρ.)	[ponóðondos]
sudar (vi)	ιδρώνω	[iðróno]
sordo (adj)	κουφός, κωφός	[kufós], [kofós]
mudo (adj)	μουγγός	[mungós]
inmunidad (f)	ανοσία (θηλ.)	[anosía]
virus (m)	ιός (αρ.)	[jos]
microbio (m)	μικρόβιο (ουδ.)	[mikróvio]

| bacteria (f) | βακτήριο (ουδ.) | [vaktírio] |
| infección (f) | μόλυνση (θηλ.) | [mólinsi] |

hospital (m)	νοσοκομείο (ουδ.)	[nosokomío]
cura (f)	θεραπεία (θηλ.)	[θerapía]
vacunar (vt)	εμβολιάζω	[emvoliázo]
estar en coma	βρίσκομαι σε κώμα	[vrískome se kóma]
revitalización (f)	εντατική (θηλ.)	[endatikí]
síntoma (m)	σύμπτωμα (ουδ.)	[símptoma]
pulso (m)	παλμός (αρ.)	[palʲmós]

6. Los sentimientos. Las emociones

yo	εγώ	[eɣó]
tú	εσύ	[esí]
él	αυτός	[aftós]
ella	αυτή	[aftí]
ello	αυτό	[aftó]

| nosotros, -as | εμείς | [emís] |
| vosotros, -as | εσείς | [esís] |

¡Hola! (fam.)	Γεια σου!	[ja su]
¡Hola! (form.)	Γεια σας!	[ja sas]
¡Buenos días!	Καλημέρα!	[kaliméra]
¡Buenas tardes!	Καλό απόγευμα!	[kalʲó apójevma]
¡Buenas noches!	Καλησπέρα!	[kalispéra]

decir hola	χαιρετώ	[xeretó]
saludar (vt)	χαιρετώ	[xeretó]
¡Gracias!	Ευχαριστώ!	[efxaristó]

sentimientos (m pl)	αισθήματα (ουδ.πλ.)	[esθímata]
tener hambre	πεινάω	[pináo]
tener sed	διψάω	[ðipsáo]
cansado (adj)	κουρασμένος	[kurazménos]

inquietarse (vr)	ανησυχώ	[anisixó]
estar nervioso	αγχώνομαι	[anxónome]
esperanza (f)	ελπίδα (θηλ.)	[elʲpíða]
esperar (tener esperanza)	ελπίζω	[elʲpízo]

carácter (m)	χαρακτήρας (αρ.)	[xaraktíras]
modesto (adj)	σεμνός	[semnós]
perezoso (adj)	τεμπέλης	[tembélis]
generoso (adj)	γενναιόδωρος	[jeneóðoros]
talentoso (adj)	ταλαντούχος	[talʲandúxos]

| honesto (adj) | τίμιος | [tímios] |
| serio (adj) | σοβαρός | [sovarós] |

tímido (adj)	άτολμος	[átol'mos]
sincero (adj)	ειλικρινής	[ilikrinís]
cobarde (m)	δειλός	[ðil'ós]

dormir (vi)	κοιμάμαι	[kimáme]
sueño (m) (dulces ~s)	όνειρο (ουδ.)	[óniro]
cama (f)	κρεβάτι (ουδ.)	[kreváti]
almohada (f)	μαξιλάρι (ουδ.)	[maksil'ári]

insomnio (m)	αϋπνία (θηλ.)	[aipnía]
irse a la cama	πηγαίνω για ύπνο	[pijéno ja ípno]
pesadilla (f)	εφιάλτης (αρ.)	[efiál'tis]
despertador (m)	ξυπνητήρι (ουδ.)	[ksipnitíri]

sonrisa (f)	χαμόγελο (ουδ.)	[xamójel'o]
sonreír (vi)	χαμογελάω	[xamojel'áo]
reírse (vr)	γελάω	[jel'áo]

disputa (f), riña (f)	τσακωμός (αρ.)	[tsakomós]
insulto (m)	προσβολή (θηλ.)	[prozvolí]
ofensa (f)	πίκρα (θηλ.)	[píkra]
enfadado (adj)	θυμωμένος	[θimoménos]

7. La ropa. Accesorios personales

ropa (f)	ενδύματα (ουδ.πλ.)	[enðímata]
abrigo (m)	παλτό (ουδ.)	[pal'tó]
abrigo (m) de piel	γούνα (θηλ.)	[ɣúna]
cazadora (f)	μπουφάν (ουδ.)	[bufán]
impermeable (m)	αδιάβροχο (ουδ.)	[aðiávroxo]
camisa (f)	πουκάμισο (ουδ.)	[pukámiso]
pantalones (m pl)	παντελόνι (ουδ.)	[pandel'óni]
chaqueta (f), saco (m)	σακάκι (ουδ.)	[sakáki]
traje (m)	κοστούμι (ουδ.)	[kostúmi]

vestido (m)	φόρεμα (ουδ.)	[fórema]
falda (f)	φούστα (θηλ.)	[fústa]
camiseta (f) (T-shirt)	μπλουζάκι (ουδ.)	[bl'uzáki]
bata (f) de baño	μπουρνούζι (ουδ.)	[burnúzi]
pijama (m)	πιτζάμα (θηλ.)	[pidzáma]
ropa (f) de trabajo	τα ρούχα της δουλειάς (ουδ.πλ.)	[ta rúxa tis ðuliás]

ropa (f) interior	εσώρουχα (ουδ.πλ.)	[esóruxa]
calcetines (m pl)	κάλτσες (θηλ.πλ.)	[kál'tses]
sostén (m)	σουτιέν (ουδ.)	[sutién]
pantimedias (f pl)	καλτσόν (ουδ.)	[kal'tsón]
medias (f pl)	κάλτσες (θηλ.πλ.)	[kál'tses]
traje (m) de baño	μαγιό (ουδ.)	[majió]
gorro (m)	καπέλο (ουδ.)	[kapél'o]

calzado (m)	υποδήματα (ουδ.πλ.)	[ipoðímata]
botas (f pl) altas	μπότες (θηλ.πλ.)	[bótes]
tacón (m)	τακούνι (ουδ.)	[takúni]
cordón (m)	κορδόνι (ουδ.)	[korðóni]
betún (m)	κρέμα παπουτσιών (θηλ.)	[kréma paputsión]

algodón (m)	βαμβάκι (ουδ.)	[vamváki]
lana (f)	μαλλί (ουδ.)	[malí]
piel (f) (~ de zorro, etc.)	γούνα (θηλ.)	[ɣúna]

guantes (m pl)	γάντια (ουδ.πλ.)	[ɣándia]
bufanda (f)	κασκόλ (ουδ.)	[kaskólʲ]
gafas (f pl)	γυαλιά (ουδ.πλ.)	[ʝaliá]
paraguas (m)	ομπρέλα (θηλ.)	[ombrélʲa]

corbata (f)	γραβάτα (θηλ.)	[ɣraváta]
moquero (m)	μαντήλι (ουδ.)	[mandíli]
peine (m)	χτένα (θηλ.)	[xténa]
cepillo (m) de pelo	βούρτσα (θηλ.)	[vúrtsa]
hebilla (f)	πόρπη (θηλ.)	[pórpi]
cinturón (m)	ζώνη (θηλ.)	[zóni]
bolso (m)	τσάντα (θηλ.)	[tsánda]

cuello (m)	γιακάς (αρ.)	[ʝakás]
bolsillo (m)	τσέπη (θηλ.)	[tsépi]
manga (f)	μανίκι (ουδ.)	[maníki]
bragueta (f)	φερμουάρ (ουδ.)	[fermuár]

cremallera (f)	φερμουάρ (ουδ.)	[fermuár]
botón (m)	κουμπί (ουδ.)	[kumbí]
ensuciarse (vr)	λερώνομαι	[lerónome]
mancha (f)	λεκές (αρ.)	[lekés]

8. La ciudad. Las instituciones urbanas

tienda (f)	κατάστημα (ουδ.)	[katástima]
centro (m) comercial	εμπορικό κέντρο (ουδ.)	[emborikó kéndro]
supermercado (m)	σουπερμάρκετ (ουδ.)	[supermárket]
zapatería (f)	κατάστημα παπουτσιών (ουδ.)	[katástima paputsión]
librería (f)	βιβλιοπωλείο (ουδ.)	[vivliopolío]

farmacia (f)	φαρμακείο (ουδ.)	[farmakío]
panadería (f)	αρτοπωλείο (ουδ.)	[artopolío]
pastelería (f)	ζαχαροπλαστείο (ουδ.)	[zaxaroplʲastío]
tienda (f) de comestibles	μπακάλικο (ουδ.)	[bakáliko]
carnicería (f)	κρεοπωλείο (ουδ.)	[kreopolío]
verdulería (f)	μανάβικο (ουδ.)	[manáviko]
mercado (m)	αγορά, λαϊκή (θηλ.)	[aɣorá], [lʲajkí]
peluquería (f)	κομμωτήριο (ουδ.)	[komotírio]

oficina (f) de correos	ταχυδρομείο (ουδ.)	[taxiðromío]
tintorería (f)	στεγνοκαθαριστήριο (ουδ.)	[steɣnokaθaristírio]
circo (m)	τσίρκο (ουδ.)	[tsírko]
zoológico (m)	ζωολογικός κήπος (αρ.)	[zoolʲojikós kípos]
teatro (m)	θέατρο (ουδ.)	[θéatro]
cine (m)	κινηματογράφος (αρ.)	[kinimatoɣráfos]
museo (m)	μουσείο (ουδ.)	[musío]
biblioteca (f)	βιβλιοθήκη (θηλ.)	[vivlioθíki]

mezquita (f)	τζαμί (ουδ.)	[dzamí]
sinagoga (f)	συναγωγή (θηλ.)	[sinaɣojí]
catedral (f)	καθεδρικός (αρ.)	[kaθeðrikós]
templo (m)	ναός (αρ.)	[naós]
iglesia (f)	εκκλησία (θηλ.)	[eklisía]

instituto (m)	πανεπιστήμιο (ουδ.)	[panepistímio]
universidad (f)	πανεπιστήμιο (ουδ.)	[panepistímio]
escuela (f)	σχολείο (ουδ.)	[sxolío]

hotel (m)	ξενοδοχείο (ουδ.)	[ksenoðoxío]
banco (m)	τράπεζα (θηλ.)	[trápeza]
embajada (f)	πρεσβεία (θηλ.)	[prezvía]
agencia (f) de viajes	ταξιδιωτικό γραφείο (ουδ.)	[taksiðiotikó ɣrafío]

metro (m)	μετρό (ουδ.)	[metró]
hospital (m)	νοσοκομείο (ουδ.)	[nosokomío]
gasolinera (f)	βενζινάδικο (ουδ.)	[venzináðiko]
aparcamiento (m)	πάρκινγκ (ουδ.)	[párking]

ENTRADA	ΕΙΣΟΔΟΣ	[ísoðos]
SALIDA	ΕΞΟΔΟΣ	[éksoðos]
EMPUJAR	ΩΘΗΣΑΤΕ	[oθísate]
TIRAR	ΕΛΞΑΤΕ	[élʲksate]
ABIERTO	ΑΝΟΙΚΤΟ	aníkto
CERRADO	ΚΛΕΙΣΤΟ	[klísto]

monumento (m)	μνημείο (ουδ.)	[mnimío]
fortaleza (f)	φρούριο (ουδ.)	[frúrio]
palacio (m)	παλάτι (ουδ.)	[palʲáti]

medieval (adj)	μεσαιωνικός	[meseonikós]
antiguo (adj)	αρχαίος	[arxéos]
nacional (adj)	εθνικός	[eθnikós]
conocido (adj)	διάσημος	[ðiásimos]

9. El dinero. Las finanzas

dinero (m)	χρήματα (ουδ.πλ.)	[xrímata]
moneda (f)	κέρμα (ουδ.)	[kérma]
dólar (m)	δολάριο (ουδ.)	[ðolʲário]

Español	Griego	Pronunciación
euro (m)	ευρώ (ουδ.)	[evró]
cajero (m) automático	ATM (ουδ.)	[eitiém]
oficina (f) de cambio	ανταλλακτήριο συναλλάγματος (ουδ.)	[andal'aktírio sinal'áymatos]
curso (m)	ισοτιμία (θηλ.)	[isotimía]
dinero (m) en efectivo	μετρητά (ουδ.πλ.)	[metritá]
¿Cuánto?	Πόσο κάνει;	póso káni?
pagar (vi, vt)	πληρώνω	[plíróno]
pago (m)	αμοιβή (θηλ.)	[amiví]
cambio (m) (devolver el ~)	ρέστα (ουδ.πλ.)	[résta]
precio (m)	τιμή (θηλ.)	[timí]
descuento (m)	έκπτωση (θηλ.)	[ékptosi]
barato (adj)	φτηνός	[ftinós]
caro (adj)	ακριβός	[akrivós]
banco (m)	τράπεζα (θηλ.)	[trápeza]
cuenta (f)	λογαριασμός (αρ.)	[l'oyariazmós]
tarjeta (f) de crédito	πιστωτική κάρτα (θηλ.)	[pistotikí kárta]
cheque (m)	επιταγή (θηλ.)	[epitají]
sacar un cheque	κόβω επιταγή	[kóvo epitají]
talonario (m)	βιβλιάριο επιταγών (ουδ.)	[vivliário epitayón]
deuda (f)	χρέος (ουδ.)	[xréos]
deudor (m)	χρεώστης (αρ.)	[xreóstis]
prestar (vt)	δανείζω	[ðanízo]
tomar prestado	δανείζομαι	[ðanízome]
alquilar (vt)	νοικιάζω	[nikiázo]
a crédito (adv)	με πίστωση	[me pístosi]
cartera (f)	πορτοφόλι (ουδ.)	[portofóli]
caja (f) fuerte	χρηματοκιβώτιο (ουδ.)	[xrimatokivótio]
herencia (f)	κληρονομιά (θηλ.)	[klironomiá]
fortuna (f)	περιουσία (θηλ.)	[periusía]
impuesto (m)	φόρος (αρ.)	[fóros]
multa (f)	πρόστιμο (ουδ.)	[próstimo]
multar (vt)	επιβάλλω πρόστιμο	[epivál'o próstimo]
al por mayor (adj)	χοντρικός	[xondrikós]
al por menor (adj)	λιανικός	[lianikós]
asegurar (vt)	ασφαλίζω	[asfalízo]
seguro (m)	ασφάλεια (θηλ.)	[asfália]
capital (m)	κεφάλαιο (ουδ.)	[kefáleo]
volumen (m) de negocio	τζίρος (αρ.)	[dzíros]
acción (f)	μετοχή (θηλ.)	[metoxí]
beneficio (m)	κέρδος (ουδ.)	[kérðos]
beneficioso (adj)	κερδοφόρος	[kerðofóros]
crisis (f)	κρίση (θηλ.)	[krísi]
bancarrota (f)	χρεοκοπία (θηλ.)	[xreokopía]

ir a la bancarrota	χρεοκοπώ	[xreokopó]
contable (m)	λογιστής (αρ.)	[l'ojistís]
salario (m)	μισθός (αρ.)	[misθós]
premio (m)	μπόνους (ουδ.)	[bónus]

10. El transporte

autobús (m)	λεωφορείο (ουδ.)	[leoforío]
tranvía (m)	τραμ (ουδ.)	[tram]
trolebús (m)	τρόλεϊ (ουδ.)	[trólej]
ir en …	πηγαίνω με …	[pijéno me]
tomar (~ el autobús)	ανεβαίνω	[anevéno]
bajar (~ del tren)	κατεβαίνω	[katevéno]
parada (f)	στάση (θηλ.)	[stási]
parada (f) final	τερματικός σταθμός (αρ.)	[termatikós staθmós]
horario (m)	δρομολόγιο (ουδ.)	[ðromol'ójio]
billete (m)	εισιτήριο (ουδ.)	[isitírio]
llegar tarde (vi)	καθυστερώ	[kaθisteró]
taxi (m)	ταξί (ουδ.)	[taksí]
en taxi	με ταξί	[me taksí]
parada (f) de taxi	πιάτσα ταξί (θηλ.)	[piátsa taksí]
tráfico (m)	κίνηση (θηλ.)	[kínisi]
horas (f pl) de punta	ώρα αιχμής (θηλ.)	[óra exmís]
aparcar (vi)	παρκάρω	[parkáro]
metro (m)	μετρό (ουδ.)	[metró]
estación (f)	σταθμός (αρ.)	[staθmós]
tren (m)	τραίνο, τρένο (ουδ.)	[tréno]
estación (f)	σιδηροδρομικός σταθμός (αρ.)	[siðiroðromikós staθmós]
rieles (m pl)	ράγες (θηλ.πλ.)	[rájes]
compartimiento (m)	κουπέ (ουδ.)	[kupé]
litera (f)	κουκέτα (θηλ.)	[kukéta]
avión (m)	αεροπλάνο (ουδ.)	[aeropl'áno]
billete (m) de avión	αεροπορικό εισιτήριο (ουδ.)	[aeroporikó isitírio]
compañía (f) aérea	αεροπορική εταιρεία (θηλ.)	[aeroporikí etería]
aeropuerto (m)	αεροδρόμιο (ουδ.)	[aeroðrómio]
vuelo (m)	πέταγμα (ουδ.)	[pétaɣma]
equipaje (m)	αποσκευές (θηλ.πλ.)	[aposkevés]
carrito (m) de equipaje	καρότσι αποσκευών (ουδ.)	[karótsi aposkevón]
barco, buque (m)	πλοίο (ουδ.)	[plío]
trasatlántico (m)	κρουαζιερόπλοιο (ουδ.)	[kruazieróplio]

yate (m)	κότερο (ουδ.)	[kótero]
bote (m) de remo	βάρκα (θηλ.)	[várka]

capitán (m)	καπετάνιος (αρ.)	[kapetánios]
camarote (m)	καμπίνα (θηλ.)	[kabína]
puerto (m)	λιμάνι (ουδ.)	[limáni]

bicicleta (f)	ποδήλατο (ουδ.)	[poðíl'ato]
scooter (m)	σκούτερ (ουδ.)	[skúter]
motocicleta (f)	μοτοσυκλέτα (θηλ.)	[motosikléta]
pedal (m)	πεντάλ (ουδ.)	[pedál']
bomba (f)	τρόμπα (θηλ.)	[trómba]
rueda (f)	τροχός (αρ.)	[troxós]

coche (m)	αυτοκίνητο (ουδ.)	[aftokínito]
ambulancia (f)	ασθενοφόρο (ουδ.)	[asθenofóro]
camión (m)	φορτηγό (ουδ.)	[fortiɣó]
de ocasión (adj)	μεταχειρισμένος	[metaxirizménos]
accidente (m)	σύγκρουση (θηλ.)	[síngrusi]
reparación (f)	επισκευή (θηλ.)	[episkeví]

11. La comida. Unidad 1

carne (f)	κρέας (ουδ.)	[kréas]
gallina (f)	κότα (θηλ.)	[kóta]
pato (m)	πάπια (θηλ.)	[pápia]

carne (f) de cerdo	χοιρινό κρέας (ουδ.)	[xirinó kréas]
carne (f) de ternera	μοσχαρίσιο κρέας (ουδ.)	[mosxarísio kréas]
carne (f) de carnero	αρνήσιο κρέας (ουδ.)	[arnísio kréas]
carne (f) de vaca	βοδινό κρέας (ουδ.)	[voðinó kréas]

salchichón (m)	λουκάνικο (ουδ.)	[l'ukániko]
huevo (m)	αυγό (ουδ.)	[avɣó]
pescado (m)	ψάρι (ουδ.)	[psári]
queso (m)	τυρί (ουδ.)	[tirí]
azúcar (m)	ζάχαρη (θηλ.)	[záxari]
sal (f)	αλάτι (ουδ.)	[al'áti]

arroz (m)	ρύζι (ουδ.)	[rízi]
macarrones (m pl)	ζυμαρικά (ουδ.πλ.)	[zimariká]
mantequilla (f)	βούτυρο (ουδ.)	[vútiro]
aceite (m) vegetal	φυτικό λάδι (ουδ.)	[fitikó l'áði]
pan (m)	ψωμί (ουδ.)	[psomí]
chocolate (m)	σοκολάτα (θηλ.)	[sokol'áta]

vino (m)	κρασί (ουδ.)	[krasí]
café (m)	καφές (αρ.)	[kafés]
leche (f)	γάλα (ουδ.)	[ɣál'a]
zumo (m), jugo (m)	χυμός (αρ.)	[ximós]

cerveza (f)	μπύρα (θηλ.)	[bíra]
té (m)	τσάι (ουδ.)	[tsáj]

tomate (m)	ντομάτα (θηλ.)	[domáta]
pepino (m)	αγγούρι (ουδ.)	[angúri]
zanahoria (f)	καρότο (ουδ.)	[karóto]
patata (f)	πατάτα (θηλ.)	[patáta]
cebolla (f)	κρεμμύδι (ουδ.)	[kremíði]
ajo (m)	σκόρδο (ουδ.)	[skórðo]

col (f)	λάχανο (ουδ.)	[lʲáxano]
remolacha (f)	παντζάρι (ουδ.)	[pandzári]
berenjena (f)	μελιτζάνα (θηλ.)	[melidzána]
eneldo (m)	άνηθος (αρ.)	[ániθos]
lechuga (f)	μαρούλι (ουδ.)	[marúli]
maíz (m)	καλαμπόκι (ουδ.)	[kalʲambóki]

fruto (m)	φρούτο (ουδ.)	[frúto]
manzana (f)	μήλο (ουδ.)	[mílʲo]
pera (f)	αχλάδι (ουδ.)	[axlʲáði]
limón (m)	λεμόνι (ουδ.)	[lemóni]
naranja (f)	πορτοκάλι (ουδ.)	[portokáli]
fresa (f)	φράουλα (θηλ.)	[fráulʲa]

ciruela (f)	δαμάσκηνο (ουδ.)	[ðamáskino]
frambuesa (f)	σμέουρο (ουδ.)	[zméuro]
piña (f)	ανανάς (αρ.)	[ananás]
banana (f)	μπανάνα (θηλ.)	[banána]
sandía (f)	καρπούζι (ουδ.)	[karpúzi]
uva (f)	σταφύλι (ουδ.)	[stafíli]
melón (m)	πεπόνι (ουδ.)	[pepóni]

12. La comida. Unidad 2

cocina (f)	κουζίνα (θηλ.)	[kuzína]
receta (f)	συνταγή (θηλ.)	[sindají]
comida (f)	τροφή (θηλ.), φαγητό (ουδ.)	[trofí], [fajitó]

desayunar (vi)	παίρνω πρωινό	[pérno proinó]
almorzar (vi)	τρώω μεσημεριανό	[tróo mesimerianó]
cenar (vi)	τρώω βραδινό	[tróo vraðinó]

sabor (m)	γεύση (θηλ.)	[jéfsi]
sabroso (adj)	νόστιμος	[nóstimos]
frío (adj)	κρύος	[kríos]
caliente (adj)	ζεστός	[zestós]
azucarado, dulce (adj)	γλυκός	[ɣlikós]
salado (adj)	αλμυρός	[alʲmirós]
bocadillo (m)	σάντουιτς (ουδ.)	[sánduits]
guarnición (f)	συνοδευτικό πιάτο (ουδ.)	[sinoðeftikó piáto]

relleno (m)	γέμιση (θηλ.)	[jémisi]
salsa (f)	σάλτσα (θηλ.)	[sálʲtsa]
pedazo (m)	κομμάτι (ουδ.)	[komáti]

dieta (f)	δίαιτα (θηλ.)	[δíeta]
vitamina (f)	βιταμίνη (θηλ.)	[vitamíni]
caloría (f)	θερμίδα (θηλ.)	[θermíδa]
vegetariano (m)	χορτοφάγος (αρ.)	[xortofáγos]

restaurante (m)	εστιατόριο (ουδ.)	[estiatório]
cafetería (f)	καφετέρια (θηλ.)	[kafetéria]
apetito (m)	όρεξη (θηλ.)	[óreksi]
¡Que aproveche!	Καλή όρεξη!	[kalí óreksi]

camarero (m)	σερβιτόρος (αρ.)	[servitóros]
camarera (f)	σερβιτόρα (θηλ.)	[servitóra]
barman (m)	μπάρμαν (αρ.)	[bárman]
carta (f), menú (m)	κατάλογος (αρ.)	[katálʲoγos]

cuchara (f)	κουτάλι (ουδ.)	[kutáli]
cuchillo (m)	μαχαίρι (ουδ.)	[maxéri]
tenedor (m)	πιρούνι (ουδ.)	[pirúni]
taza (f)	φλιτζάνι (ουδ.)	[flidzáni]

plato (m)	πιάτο (ουδ.)	[piáto]
platillo (m)	πιατάκι (ουδ.)	[piatáki]
servilleta (f)	χαρτοπετσέτα (θηλ.)	[xartopetséta]
mondadientes (m)	οδοντογλυφίδα (θηλ.)	[oδondoγlifíδa]

pedir (vt)	παραγγέλνω	[parangélʲno]
plato (m)	πιάτο (ουδ.)	[piáto]
porción (f)	μερίδα (θηλ.)	[meríδa]
entremés (m)	ορεκτικό (ουδ.)	[orektikó]
ensalada (f)	σαλάτα (θηλ.)	[salʲáta]
sopa (f)	σούπα (θηλ.)	[súpa]

postre (m)	επιδόρπιο (ουδ.)	[epiδórpio]
confitura (f)	μαρμελάδα (θηλ.)	[marmelʲáδa]
helado (m)	παγωτό (ουδ.)	[paγotó]
cuenta (f)	λογαριασμός (αρ.)	[lʲoγariazmós]
pagar la cuenta	πληρώνω λογαριασμό	[pliróno lʲoγariazmó]
propina (f)	πουρμπουάρ (ουδ.)	[purbuár]

13. La casa. El apartamento. Unidad 1

casa (f)	σπίτι (ουδ.)	[spíti]
casa (f) de campo	εξωχικό (ουδ.)	[eksoxikó]
villa (f)	βίλα (θηλ.)	[vílʲa]
piso (m), planta (f)	όροφος (αρ.)	[órofos]
entrada (f)	είσοδος (θηλ.)	[ísoδos]

pared (f)	τοίχος (αρ.)	[tíxos]
techo (m)	στέγη (θηλ.)	[stéji]
chimenea (f)	καμινάδα (θηλ.)	[kamináða]

desván (m)	σοφίτα (θηλ.)	[sofíta]
ventana (f)	παράθυρο (ουδ.)	[paráθiro]
alféizar (m)	περβάζι (ουδ.)	[pervázi]
balcón (m)	μπαλκόνι (ουδ.)	[balʲkóni]

escalera (f)	σκάλα (θηλ.)	[skálʲa]
buzón (m)	γραμματοκιβώτιο (ουδ.)	[γramatokivótio]
contenedor (m) de basura	σκουπιδοτενεκές (αρ.)	[skupiðotenekés]
ascensor (m)	ασανσέρ (ουδ.)	[asansér]

electricidad (f)	ηλεκτρισμός (αρ.)	[ilektrizmós]
bombilla (f)	λάμπα (θηλ.)	[lʲámba]
interruptor (m)	διακόπτης (αρ.)	[ðiakóptis]
enchufe (m)	πρίζα (θηλ.)	[príza]
fusible (m)	ασφάλεια (θηλ.)	[asfália]

puerta (f)	πόρτα (θηλ.)	[pórta]
tirador (m)	χερούλι (ουδ.)	[xerúli]
llave (f)	κλειδί (ουδ.)	[kliðí]
felpudo (m)	χαλάκι (ουδ.)	[xalʲáki]

cerradura (f)	κλειδαριά (θηλ.)	[kliðariá]
timbre (m)	κουδούνι (ουδ.)	[kuðúni]
toque (m) a la puerta	χτύπημα (ουδ.)	[xtípima]
tocar la puerta	χτυπάω	[xtipáo]
mirilla (f)	ματάκι (ουδ.)	[matáki]

patio (m)	αυλή (θηλ.)	[avlí]
jardín (m)	κήπος (αρ.)	[kípos]
piscina (f)	πισίνα (θηλ.)	[pisína]
gimnasio (m)	γυμναστήριο (ουδ.)	[jimnastírio]
cancha (f) de tenis	γήπεδο τένις (ουδ.)	[jípeðo ténis]
garaje (m)	γκαράζ (ουδ.)	[garáz]

| propiedad (f) privada | ιδωτική ιδιοκτησία (θηλ.) | [iðotikí iðioktisía] |
| letrero (m) de aviso | προειδοποιητικό σήμα (ουδ.) | [proiðopoiitikó síma] |

| seguridad (f) | ασφάλεια (θηλ.) | [asfália] |
| guardia (m) de seguridad | φρουρός (αρ.) | [fílʲakas] |

renovación (f)	ανακαίνιση (θηλ.)	[anakénisi]
renovar (vt)	κάνω ανακαίνιση	[káno anakénisi]
poner en orden	τακτοποιώ	[taktopió]
pintar (las paredes)	βάφω	[váfo]
empapelado (m)	ταπετσαρία (θηλ.)	[tapetsaría]

| cubrir con barniz | βερνικώνω | [vernikóno] |
| tubo (m) | σωλήνας (αρ.) | [solínas] |

instrumentos (m pl)	εργαλεία (ουδ.πλ.)	[eryalía]
sótano (m)	υπόγειο (ουδ.)	[ipójio]
alcantarillado (m)	αποχέτευση (θηλ.)	[apoxétefsi]

14. La casa. El apartamento. Unidad 2

apartamento (m)	διαμέρισμα (ουδ.)	[ðiamérizma]
habitación (f)	δωμάτιο (ουδ.)	[ðomátio]
dormitorio (m)	υπνοδωμάτιο (ουδ.)	[ipnoðomátio]
comedor (m)	τραπεζαρία (θηλ.)	[trapezaría]
salón (m)	σαλόνι (ουδ.)	[salʲóni]
despacho (m)	γραφείο (ουδ.)	[γrafío]
antecámara (f)	χωλ (ουδ.)	[xolʲ]
cuarto (m) de baño	μπάνιο (ουδ.)	[bánio]
servicio (m)	τουαλέτα (θηλ.)	[tualéta]
suelo (m)	πάτωμα (ουδ.)	[pátoma]
techo (m)	ταβάνι (ουδ.)	[taváni]
limpiar el polvo	ξεσκονίζω	[kseskonízo]
aspirador (m), aspiradora (f)	ηλεκτρική σκούπα (θηλ.)	[ilektrikí skúpa]
limpiar con la aspiradora	σκουπίζω με την ηλεκτρική	[skupízo me tin ilektrikí]
fregona (f)	σφουγγαρίστρα (θηλ.)	[sfungarístra]
trapo (m)	πατσαβούρα (θηλ.)	[patsavúra]
escoba (f)	μικρή σκούπα (θηλ.)	[mikrí skúpa]
cogedor (m)	φαράσι (ουδ.)	[farási]
muebles (m pl)	έπιπλα (ουδ.πλ.)	[épiplʲa]
mesa (f)	τραπέζι (ουδ.)	[trapézi]
silla (f)	καρέκλα (θηλ.)	[karéklʲa]
sillón (m)	πολυθρόνα (θηλ.)	[poliθróna]
librería (f)	βιβλιοθήκη (θηλ.)	[vivlioθíki]
estante (m)	ράφι (ουδ.)	[ráfi]
armario (m)	ντουλάπα (θηλ.)	[dulʲápa]
espejo (m)	καθρέφτης (αρ.)	[kaθréftis]
tapiz (m)	χαλί (ουδ.)	[xalí]
chimenea (f)	τζάκι (ουδ.)	[dzáki]
cortinas (f pl)	κουρτίνες (θηλ.πλ.)	[kurtínes]
lámpara (f) de mesa	επιτραπέζιο φωτιστικό (ουδ.)	[epitrapézio fotistikó]
lámpara (f) de araña	πολυέλαιος (αρ.)	[poliéleos]
cocina (f)	κουζίνα (θηλ.)	[kuzína]
cocina (f) de gas	κουζίνα με γκάζι (θηλ.)	[kuzína me gázi]
cocina (f) eléctrica	ηλεκτρική κουζίνα (θηλ.)	[ilektrikí kuzína]
horno (m) microondas	φούρνος μικροκυμάτων (αρ.)	[fúrnos mikrokimáton]

frigorífico (m)	ψυγείο (ουδ.)	[psijío]
congelador (m)	καταψύκτης (αρ.)	[katapsíktis]
lavavajillas (m)	πλυντήριο πιάτων (ουδ.)	[plindírio piáton]
grifo (m)	βρύση (ουδ.)	[vrísi]
picadora (f) de carne	κρεατομηχανή (θηλ.)	[kreatomixaní]
exprimidor (m)	αποχυμωτής (αρ.)	[apoximotís]
tostador (m)	φρυγανιέρα (θηλ.)	[friɣaniéra]
batidora (f)	μίξερ (ουδ.)	[míkser]
cafetera (f) (aparato de cocina)	καφετιέρα (θηλ.)	[kafetiéra]
hervidor (m) de agua	βραστήρας (αρ.)	[vrastíras]
tetera (f)	τσαγιέρα (θηλ.)	[tsajéra]
televisor (m)	τηλεόραση (θηλ.)	[tileórasi]
vídeo (m)	συσκευή βίντεο (θηλ.)	[siskeví vídeo]
plancha (f)	σίδερο (ουδ.)	[síðero]
teléfono (m)	τηλέφωνο (ουδ.)	[tiléfono]

15. Los trabajos. El estatus social

director (m)	διευθυντής (αρ.)	[ðiefθindís]
superior (m)	προϊστάμενος (αρ.)	[projstámenos]
presidente (m)	πρόεδρος (αρ.)	[próeðros]
asistente (m)	βοηθός (αρ.)	[voiθós]
secretario, -a (m, f)	γραμματέας (αρ./θηλ.)	[ɣramatéas]
propietario (m)	ιδιοκτήτης (αρ.)	[iðioktítis]
socio (m)	συνέταιρος (αρ.)	[sinéteros]
accionista (m)	μέτοχος (αρ.)	[métoxos]
hombre (m) de negocios	μπίζνεσμαν (αρ.)	[bíznezman]
millonario (m)	εκατομμυριούχος (αρ.)	[ekatomiriúxos]
multimillonario (m)	δισεκατομμυριούχος (αρ.)	[ðisekatomiriúxos]
actor (m)	ηθοποιός (αρ.)	[iθopiós]
arquitecto (m)	αρχιτέκτονας (αρ.)	[arxitéktonas]
banquero (m)	τραπεζίτης (αρ.)	[trapezítis]
broker (m)	μεσίτης (αρ.)	[mesítis]
veterinario (m)	κτηνίατρος (αρ.)	[ktiníatros]
médico (m)	γιατρός (αρ.)	[jatrós]
camarera (f)	καμαριέρα (θηλ.)	[kamariéra]
diseñador (m)	σχεδιαστής (αρ.)	[sxeðiastís]
corresponsal (m)	ανταποκριτής (αρ.)	[andapokritís]
repartidor (m)	κούριερ (αρ.)	[kúrier]
electricista (m)	ηλεκτρολόγος (αρ.)	[ilektrolóɣos]
músico (m)	μουσικός (αρ.)	[musikós]
niñera (f)	νταντά (θηλ.)	[dadá]

| peluquero (m) | κομμωτής (αρ.) | [komotís] |
| pastor (m) | βοσκός (αρ.) | [voskós] |

cantante (m)	τραγουδιστής (αρ.)	[traγuðistís]
traductor (m)	μεταφραστής (αρ.)	[metafrastís]
escritor (m)	συγγραφέας (αρ.)	[singraféas]
carpintero (m)	μαραγκός (αρ.)	[marangós]
cocinero (m)	μάγειρας (αρ.)	[májiras]

bombero (m)	πυροσβέστης (αρ.)	[pirozvéstis]
policía (m)	αστυνομικός (αρ.)	[astinomikós]
cartero (m)	ταχυδρόμος (αρ.)	[taxiðrómos]
programador (m)	προγραμματιστής (αρ.)	[proγramatistís]
vendedor (m)	πωλητής (αρ.)	[politís]

obrero (m)	εργάτης (αρ.)	[erγátis]
jardinero (m)	κηπουρός (αρ.)	[kipurós]
fontanero (m)	υδραυλικός (αρ.)	[iðravlikós]
dentista (m)	οδοντίατρος (αρ.)	[oðondíatros]
azafata (f)	αεροσυνοδός (θηλ.)	[aerosinoðós]

bailarín (m)	χορευτής (αρ.)	[xoreftís]
guardaespaldas (m)	σωματοφύλακας (αρ.)	[somatofíl'akas]
científico (m)	επιστήμονας (αρ.)	[epistímonas]
profesor (m) (~ de baile, etc.)	δάσκαλος (αρ.)	[ðáskal'os]

granjero (m)	αγρότης (αρ.)	[aγrótis]
cirujano (m)	χειρουργός (αρ.)	[xiruryós]
minero (m)	ανθρακωρύχος (αρ.)	[anθrakoríxos]
jefe (m) de cocina	σεφ (αρ./θηλ.)	[sef]
chofer (m)	οδηγός (αρ.)	[oðiγós]

16. Los deportes

tipo (m) de deporte	είδος αθλήματος (ουδ.)	[íðos aθlímatos]
fútbol (m)	ποδόσφαιρο (ουδ.)	[poðósfero]
hockey (m)	χόκεϊ (ουδ.)	[xókej]
baloncesto (m)	μπάσκετ (ουδ.)	[básket]
béisbol (m)	μπέιζμπολ (ουδ.)	[béjzbol']

voleibol (m)	βόλεϊ (ουδ.)	[vólej]
boxeo (m)	πυγμαχία (θηλ.)	[piγmaxía]
lucha (f)	πάλη (θηλ.)	[páli]
tenis (m)	τένις (ουδ.)	[ténis]
natación (f)	κολύμβηση (θηλ.)	[kolímvisi]

ajedrez (m)	σκάκι (ουδ.)	[skáki]
carrera (f)	δρόμος (αρ.)	[ðrómos]
atletismo (m)	στίβος (αρ.)	[stívos]

patinaje (m) artístico	καλλιτεχνικό πατινάζ (ουδ.)	[kalitexnikó patináz]
ciclismo (m)	ποδηλασία (θηλ.)	[poðilʲasía]

billar (m)	μπιλιάρδο (ουδ.)	[biliárðo]
culturismo (m)	μπόντι μπίλντινγκ (ουδ.)	[bódi bílʲding]
golf (m)	γκολφ (ουδ.)	[golʲf]
buceo (m)	κατάδυση (θηλ.)	[katáðisi]
vela (f)	ιστιοπλοΐα (θηλ.)	[istioplʲoía]
tiro (m) con arco	τοξοβολία (θηλ.)	[toksovolía]

tiempo (m)	ημίχρονο (ουδ.)	[imíxrono]
descanso (m)	διάλειμμα (ουδ.)	[ðiálima]
empate (m)	ισοπαλία (θηλ.)	[isopalía]
empatar (vi)	έρχομαι ισοπαλία	[érxome isopalía]

cinta (f) de correr	διάδρομος (αρ.)	[ðiáðromos]
jugador (m)	παίκτης (αρ.)	[péktis]

reserva (m)	αναπληρωματικός (αρ.)	[anapliromatikós]
banquillo (m) de reserva	πάγκος αναπληρωματικών (αρ.)	[pángos anapliromatikón]

match (m)	ματς (ουδ.)	[mats]
puerta (f)	τέρμα (ουδ.)	[térma]

portero (m)	τερματοφύλακας (αρ.)	[termatofílʲakas]
gol (m)	γκολ (ουδ.)	[golʲ]

Juegos (m pl) Olímpicos	Ολυμπιακοί Αγώνες (αρ.πλ.)	[olimbiakí aγónes]
establecer un record	κάνω ρεκόρ	[káno rekór]
final (m)	τελικός (αρ.)	[telikós]

campeón (m)	πρωταθλητής (αρ.)	[protaθlitís]
campeonato (m)	πρωτάθλημα (ουδ.)	[protáθlima]

vencedor (m)	νικητής (αρ.)	[nikitís]
victoria (f)	νίκη (θηλ.)	[níki]
ganar (vi)	νικάω, κερδίζω	[nikáo], [kerðízo]

perder (vi)	χάνω	[xáno]
medalla (f)	μετάλλιο (ουδ.)	[metálio]

primer puesto (m)	πρώτη θέση (θηλ.)	[próti θési]
segundo puesto (m)	δεύτερη θέση (θηλ.)	[ðéfteri θési]
tercer puesto (m)	τρίτη θέση (θηλ.)	[tríti θési]

estadio (m)	γήπεδο (ουδ.)	[jípeðo]
hincha (m)	φίλαθλος (αρ.)	[fílʲaθlʲos]
entrenador (m)	προπονητής (αρ.)	[proponitís]
entrenamiento (m)	προπόνηση (θηλ.)	[propónisi]

17. Los idiomas extranjeros. La ortografía

lengua (f)	γλώσσα (θηλ.)	[ɣliósa]
estudiar (vt)	μελετάω	[meletáo]
pronunciación (f)	προφορά (θηλ.)	[proforá]
acento (m)	προφορά (θηλ.)	[proforá]
sustantivo (m)	ουσιαστικό (ουδ.)	[usiastikó]
adjetivo (m)	επίθετο (ουδ.)	[epítheto]
verbo (m)	ρήμα (ουδ.)	[ríma]
adverbio (m)	επίρρημα (ουδ.)	[epírima]
pronombre (m)	αντωνυμία (θηλ.)	[andonimía]
interjección (f)	επιφώνημα (ουδ.)	[epifónima]
preposición (f)	πρόθεση (θηλ.)	[próthesi]
raíz (f), radical (m)	ρίζα (θηλ.)	[ríza]
desinencia (f)	κατάληξη (θηλ.)	[katáliksi]
prefijo (m)	πρόθεμα (ουδ.)	[próthema]
sílaba (f)	συλλαβή (θηλ.)	[siliaví]
sufijo (m)	επίθημα (ουδ.)	[epíthima]
acento (m)	τόνος (αρ.)	[tónos]
punto (m)	τελεία (θηλ.)	[telía]
coma (m)	κόμμα (ουδ.)	[kóma]
dos puntos (m pl)	διπλή τελεία (θηλ.)	[ðiplí telía]
puntos (m pl) suspensivos	αποσιωπητικά (ουδ.πλ.)	[aposiopitiká]
pregunta (f)	ερώτημα (ουδ.)	[erótima]
signo (m) de interrogación	ερωτηματικό (ουδ.)	[erotimatikó]
signo (m) de admiración	θαυμαστικό (ουδ.)	[thavmastikó]
entre comillas	σε εισαγωγικά	[se isaɣojiká]
entre paréntesis	σε παρένθεση	[se parénthesi]
letra (f)	γράμμα (ουδ.)	[ɣráma]
letra (f) mayúscula	κεφαλαίο γράμμα (ουδ.)	[kefaléo ɣráma]
oración (f)	πρόταση (θηλ.)	[prótasi]
combinación (f) de palabras	ομάδα λέξεων (θηλ.)	[omáða lékseon]
expresión (f)	έκφραση (θηλ.)	[ékfrasi]
sujeto (m)	υποκείμενο (ουδ.)	[ipokímeno]
predicado (m)	κατηγορούμενο (ουδ.)	[katiɣorúmeno]
línea (f)	γραμμή (θηλ.)	[ɣramí]
párrafo (m)	παράγραφος (θηλ.)	[paráɣrafos]
sinónimo (m)	συνώνυμο (ουδ.)	[sinónimo]
antónimo (m)	αντώνυμο (ουδ.)	[andónimo]
excepción (f)	εξαίρεση (θηλ.)	[ekséresi]
subrayar (vt)	υπογραμμίζω	[ipoɣramízo]

reglas (f pl)	κανόνες (αρ.πλ.)	[kanónes]
gramática (f)	γραμματική (θηλ.)	[γramatikí]
vocabulario (m)	λεξιλόγιο (ουδ.)	[leksilʲójo]
fonética (f)	φωνητική (θηλ.)	[fonitikí]
alfabeto (m)	αλφάβητος (θηλ.)	[alʲfávitos]
manual (m)	σχολικό βιβλίο (ουδ.)	[sxolikó vivlío]
diccionario (m)	λεξικό (ουδ.)	[leksikó]
guía (f) de conversación	βιβλίο φράσεων (ουδ.)	[vivlío fráseon]
palabra (f)	λέξη (θηλ.)	[léksi]
significado (m)	σημασία (θηλ.)	[simasía]
memoria (f)	μνήμη (θηλ.)	[mnímī]

18. La Tierra. La geografía

Tierra (f)	Γη (θηλ.)	[ji]
globo (m) terrestre	υδρόγειος (θηλ.)	[iðrójios]
planeta (m)	πλανήτης (αρ.)	[plʲanítis]
geografía (f)	γεωγραφία (θηλ.)	[jeoγrafía]
naturaleza (f)	φύση (θηλ.)	[físi]
mapa (m)	χάρτης (αρ.)	[xártis]
atlas (m)	άτλας (αρ.)	[átlʲas]
en el norte	στο βορρά	[sto vorá]
en el sur	στο νότο	[sto nóto]
en el oeste	στη δύση	[sti ðísi]
en el este	στην ανατολή	[stin anatolí]
mar (m)	θάλασσα (θηλ.)	[θálʲasa]
océano (m)	ωκεανός (αρ.)	[okeanós]
golfo (m)	κόλπος (αρ.)	[kólʲpos]
estrecho (m)	πορθμός (αρ.)	[porθmós]
continente (m)	ήπειρος (θηλ.)	[íperos]
isla (f)	νησί (ουδ.)	[nisí]
península (f)	χερσόνησος (θηλ.)	[xersónisos]
archipiélago (m)	αρχιπέλαγος (ουδ.)	[arxipélʲaγos]
ensenada, bahía (f)	λιμάνι (ουδ.)	[limáni]
arrecife (m) de coral	κοραλλιογενής ύφαλος (αρ.)	[koraliojenís ífalʲos]
orilla (f)	παραλία (θηλ.)	[paralía]
costa (f)	ακτή (θηλ.)	[aktí]
flujo (m)	πλημμυρίδα (θηλ.)	[plimiríða]
reflujo (m)	παλίρροια (θηλ.)	[palíria]
latitud (f)	γεωγραφικό πλάτος (ουδ.)	[jeoγrafikó plʲátos]
longitud (f)	μήκος (ουδ.)	[míkos]

paralelo (m)	παράλληλος (αρ.)	[parálil‍os]
ecuador (m)	ισημερινός (αρ.)	[isimerinós]
cielo (m)	ουρανός (αρ.)	[uranós]
horizonte (m)	ορίζοντας (αρ.)	[orízondas]
atmósfera (f)	ατμόσφαιρα (θηλ.)	[atmósfera]
montaña (f)	βουνό (ουδ.)	[vunó]
cima (f)	κορυφή (θηλ.)	[korifí]
roca (f)	γκρεμός (αρ.)	[gremós]
colina (f)	λόφος (αρ.)	[l‍ófos]
volcán (m)	ηφαίστειο (ουδ.)	[iféstio]
glaciar (m)	παγετώνας (αρ.)	[pa‍jetónas]
cascada (f)	καταρράκτης (αρ.)	[kataráktis]
llanura (f)	πεδιάδα (θηλ.)	[peðiáða]
río (m)	ποταμός (αρ.)	[potamós]
manantial (m)	πηγή (θηλ.)	[pi‍jí]
ribera (f)	ακτή (θηλ.)	[aktí]
río abajo (adv)	στη φορά του ρεύματος	[sti forá tu révmatos]
río arriba (adv)	κόντρα στο ρεύμα	[kóndra sto révma]
lago (m)	λίμνη (θηλ.)	[límni]
presa (f)	φράγμα (ουδ.)	[fráyma]
canal (m)	κανάλι (ουδ.)	[kanáli]
pantano (m)	έλος (ουδ.)	[él‍os]
hielo (m)	πάγος (αρ.)	[páyos]

19. Los países. Unidad 1

Europa (f)	Ευρώπη (θηλ.)	[evrópi]
Unión (f) Europea	Ευρωπαϊκή Ένωση (θηλ.)	[evropaikí énosi]
europeo (m)	Ευρωπαίος (αρ.)	[evropéos]
europeo (adj)	ευρωπαϊκός	[evropaikós]
Austria (f)	Αυστρία (θηλ.)	[afstría]
Gran Bretaña (f)	Μεγάλη Βρετανία (θηλ.)	[meɣáli vretanía]
Inglaterra (f)	Αγγλία (θηλ.)	[anglía]
Bélgica (f)	Βέλγιο (ουδ.)	[vél‍jo]
Alemania (f)	Γερμανία (θηλ.)	[jermanía]
Países Bajos (m pl)	Κάτω Χώρες (θηλ.πλ.)	[káto xóres]
Holanda (f)	Ολλανδία (θηλ.)	[ol‍anðía]
Grecia (f)	Ελλάδα (θηλ.)	[el‍áða]
Dinamarca (f)	Δανία (θηλ.)	[ðanía]
Irlanda (f)	Ιρλανδία (θηλ.)	[irl‍anðía]
Islandia (f)	Ισλανδία (θηλ.)	[isl‍anðía]
España (f)	Ισπανία (θηλ.)	[ispanía]

Italia (f)	Ιταλία (θηλ.)	[italía]
Chipre (m)	Κύπρος (θηλ.)	[kípros]
Malta (f)	Μάλτα (θηλ.)	[málʲta]

Noruega (f)	Νορβηγία (θηλ.)	[norvijía]
Portugal (m)	Πορτογαλία (θηλ.)	[portoɣalía]
Finlandia (f)	Φινλανδία (θηλ.)	[finlʲanðía]
Francia (f)	Γαλλία (θηλ.)	[ɣalía]
Suecia (f)	Σουηδία (θηλ.)	[suiðía]

Suiza (f)	Ελβετία (θηλ.)	[elʲvetía]
Escocia (f)	Σκοτία (θηλ.)	[skotía]
Vaticano (m)	Βατικανό (ουδ.)	[vatikanó]
Liechtenstein (m)	Λίχτενσταϊν (ουδ.)	[líxtenstajn]
Luxemburgo (m)	Λουξεμβούργο (ουδ.)	[lʲuksemvúrɣo]

Mónaco (m)	Μονακό (ουδ.)	[monakó]
Albania (f)	Αλβανία (θηλ.)	[alʲvanía]
Bulgaria (f)	Βουλγαρία (θηλ.)	[vulʲɣaría]
Hungría (f)	Ουγγαρία (θηλ.)	[ungaría]
Letonia (f)	Λετονία (θηλ.)	[letonía]

Lituania (f)	Λιθουανία (θηλ.)	[liθuanía]
Polonia (f)	Πολωνία (θηλ.)	[polʲonía]
Rumania (f)	Ρουμανία (θηλ.)	[rumanía]
Serbia (f)	Σερβία (θηλ.)	[servía]
Eslovaquia (f)	Σλοβακία (θηλ.)	[slʲovakía]

Croacia (f)	Κροατία (θηλ.)	[kroatía]
Chequia (f)	Τσεχία (θηλ.)	[tsexía]
Estonia (f)	Εσθονία (θηλ.)	[esθonía]
Bosnia y Herzegovina	Βοσνία-Ερζεγοβίνη (θηλ.)	[voznía erzeɣovini]
Macedonia	Μακεδονία (θηλ.)	[makeðonía]

Eslovenia	Σλοβενία (θηλ.)	[slʲovenía]
Montenegro (m)	Μαυροβούνιο (ουδ.)	[mavrovúnio]
Bielorrusia (f)	Λευκορωσία (θηλ.)	[lefkorosía]
Moldavia (f)	Μολδαβία (θηλ.)	[molʲðavía]
Rusia (f)	Ρωσία (θηλ.)	[rosía]
Ucrania (f)	Ουκρανία (θηλ.)	[ukranía]

20. Los países. Unidad 2

Asia (f)	Ασία (θηλ.)	[asía]
Vietnam (m)	Βιετνάμ (ουδ.)	[vietnám]
India (f)	Ινδία (θηλ.)	[inðía]
Israel (m)	Ισραήλ (ουδ.)	[izraílʲ]
China (f)	Κίνα (θηλ.)	[kína]
Líbano (m)	Λίβανος (αρ.)	[lívanos]
Mongolia (f)	Μογγολία (θηλ.)	[mongolía]

Malasia (f)	Μαλαισία (θηλ.)	[malesía]
Pakistán (m)	Πακιστάν (ουδ.)	[pakistán]
Arabia (f) Saudita	Σαουδική Αραβία (θηλ.)	[sauðikí aravia]
Tailandia (f)	Ταϊλάνδη (θηλ.)	[tajlʲánði]
Taiwán (m)	Ταϊβάν (θηλ.)	[tajván]
Turquía (f)	Τουρκία (θηλ.)	[turkía]
Japón (m)	Ιαπωνία (θηλ.)	[japonía]
Afganistán (m)	Αφγανιστάν (ουδ.)	[afɣanistán]
Bangladesh (m)	Μπαγκλαντές (ουδ.)	[banglʲadés]
Indonesia (f)	Ινδονησία (θηλ.)	[inðonisía]
Jordania (f)	Ιορδανία (θηλ.)	[iorðanía]
Irak (m)	Ιράκ (ουδ.)	[irák]
Irán (m)	Ιράν (ουδ.)	[irán]
Camboya (f)	Καμπότζη (θηλ.)	[kabódzi]
Kuwait (m)	Κουβέιτ (ουδ.)	[kuvéjt]
Laos (m)	Λάος (ουδ.)	[lʲáos]
Myanmar (m)	Μιανμάρ (ουδ.)	[mianmár]
Nepal (m)	Νεπάλ (ουδ.)	[nepálʲ]
Emiratos (m pl) Árabes Unidos	Ηνωμένα Αραβικά Εμιράτα (θηλ.πλ.)	[inoména araviká emiráta]
Siria (f)	Συρία (θηλ.)	[siría]
Palestina (f)	Παλαιστίνη (θηλ.)	[palestíni]
Corea (f) del Sur	Νότια Κορέα (θηλ.)	[nótia koréa]
Corea (f) del Norte	Βόρεια Κορέα (θηλ.)	[vória koréa]
Estados Unidos de América	Ηνωμένες Πολιτείες Αμερικής (θηλ.πλ.)	[inoménes politíes amerikís]
Canadá (f)	Καναδάς (αρ.)	[kanaðás]
Méjico (m)	Μεξικό (ουδ.)	[meksikó]
Argentina (f)	Αργεντινή (θηλ.)	[arjendiní]
Brasil (m)	Βραζιλία (θηλ.)	[vrazilía]
Colombia (f)	Κολομβία (θηλ.)	[kolʲomvía]
Cuba (f)	Κούβα (θηλ.)	[kúva]
Chile (m)	Χιλή (θηλ.)	[xilí]
Venezuela (f)	Βενεζουέλα (θηλ.)	[venezuélʲa]
Ecuador (m)	Εκουαδόρ (ουδ.)	[ekuaðór]
Islas (f pl) Bahamas	Μπαχάμες (θηλ.πλ.)	[baxámes]
Panamá (f)	Παναμάς (αρ.)	[panamás]
Egipto (m)	Αίγυπτος (θηλ.)	[éjiptos]
Marruecos (m)	Μαρόκο (ουδ.)	[maróko]
Túnez (m)	Τυνησία (θηλ.)	[tinisía]
Kenia (f)	Κένυα (θηλ.)	[kénia]
Libia (f)	Λιβύη (θηλ.)	[livíi]
República (f) Sudafricana	Δημοκρατία της Νότιας Αφρικής (θηλ.)	[ðimokratía tis nótias afrikís]

| Australia (f) | Αυστραλία (θηλ.) | [afstralía] |
| Nueva Zelanda (f) | Νέα Ζηλανδία (θηλ.) | [néa ziliandía] |

21. El tiempo. Los desastres naturales

tiempo (m)	καιρός (αρ.)	[kerós]
previsión (f) del tiempo	πρόγνωση καιρού (θηλ.)	[próγnosi kerú]
temperatura (f)	θερμοκρασία (θηλ.)	[θermokrasía]
termómetro (m)	θερμόμετρο (ουδ.)	[θermómetro]
barómetro (m)	βαρόμετρο (ουδ.)	[varómetro]

sol (m)	ήλιος (αρ.)	[ílios]
brillar (vi)	λάμπω	[liámbo]
soleado (un día ~)	ηλιόλουστος	[ilióliustos]
elevarse (el sol)	ανατέλλω	[anatéllio]
ponerse (vr)	δύω	[ðío]

lluvia (f)	βροχή (θηλ.)	[vroxí]
está lloviendo	βρέχει	[vréxi]
aguacero (m)	δυνατή βροχή (θηλ.)	[ðinatí vroxí]
nubarrón (m)	μαύρο σύννεφο (ουδ.)	[mávro sínefo]
charco (m)	λακκούβα (θηλ.)	[liakúva]
mojarse (vr)	βρέχομαι	[vréxome]

tormenta (f)	καταιγίδα (θηλ.)	[katejíða]
relámpago (m)	αστραπή (θηλ.)	[astrapí]
relampaguear (vi)	αστράπτω	[astrápto]
trueno (m)	βροντή (θηλ.)	[vrondí]
está tronando	βροντάει	[vrondái]
granizo (m)	χαλάζι (ουδ.)	[xaliázi]
está granizando	ρίχνει χαλάζι	[ríxni xaliázi]

bochorno (m)	ζέστη (θηλ.)	[zésti]
hace mucho calor	κάνει ζέστη	[káni zésti]
hace calor (templado)	κάνει ζέστη	[káni zésti]
hace frío	κάνει κρύο	[káni krío]

niebla (f)	ομίχλη (θηλ.)	[omíxli]
nebuloso (adj)	ομιχλώδης	[omixlióðis]
nube (f)	σύννεφο (ουδ.)	[sínefo]
nuboso (adj)	συννεφιασμένος	[sinefiazménos]
humedad (f)	υγρασία (θηλ.)	[iγrasía]

nieve (f)	χιόνι (ουδ.)	[xóni]
está nevando	χιονίζει	[xonízi]
helada (f)	παγωνιά (θηλ.)	[paγoniá]
bajo cero (adv)	υπό το μηδέν	[ipó to miðén]
escarcha (f)	πάχνη (θηλ.)	[páxni]
mal tiempo (m)	κακοκαιρία (θηλ.)	[kakokería]
catástrofe (f)	καταστροφή (θηλ.)	[katastrofí]

inundación (f)	πλημμύρα (θηλ.)	[plimíra]
avalancha (f)	χιονοστιβάδα (θηλ.)	[xonostiváða]
terremoto (m)	σεισμός (αρ.)	[sizmós]
sacudida (f)	δόνηση (θηλ.)	[ðónisi]
epicentro (m)	επίκεντρο (ουδ.)	[epíkendro]
erupción (f)	έκρηξη (θηλ.)	[ékriksi]
lava (f)	λάβα (θηλ.)	[lʲáva]
tornado (m)	σίφουνας (αρ.)	[sífunas]
torbellino (m)	ανεμοστρόβιλος (αρ.)	[anemostróvilʲos]
huracán (m)	τυφώνας (αρ.)	[tifónas]
tsunami (m)	τσουνάμι (ουδ.)	[tsunámi]
ciclón (m)	κυκλώνας (αρ.)	[kiklʲónas]

22. Los animales. Unidad 1

animal (m)	ζώο (ουδ.)	[zóo]
carnívoro (m)	θηρευτής (ουδ.)	[θireftís]
tigre (m)	τίγρη (θηλ.), τίγρης (αρ.)	[tíɣri], [tíɣris]
león (m)	λιοντάρι (ουδ.)	[liondári]
lobo (m)	λύκος (αρ.)	[líkos]
zorro (m)	αλεπού (θηλ.)	[alepú]
jaguar (m)	ιαγουάρος (αρ.)	[jaɣuáros]
lince (m)	λύγκας (αρ.)	[língas]
coyote (m)	κογιότ (ουδ.)	[koji̯ót]
chacal (m)	τσακάλι (ουδ.)	[tsakáli]
hiena (f)	ύαινα (θηλ.)	[íena]
ardilla (f)	σκίουρος (αρ.)	[skíuros]
erizo (m)	σκαντζόχοιρος (αρ.)	[skandzóxiros]
conejo (m)	κουνέλι (ουδ.)	[kunéli]
mapache (m)	ρακούν (ουδ.)	[rakún]
hámster (m)	χάμστερ (ουδ.)	[xámster]
topo (m)	τυφλοπόντικας (αρ.)	[tiflʲopóndikas]
ratón (m)	ποντίκι (ουδ.)	[pondíki]
rata (f)	αρουραίος (αρ.)	[aruréos]
murciélago (m)	νυχτερίδα (θηλ.)	[nixteríða]
castor (m)	κάστορας (αρ.)	[kástoras]
caballo (m)	άλογο (ουδ.)	[álʲoɣo]
ciervo (m)	ελάφι (ουδ.)	[elʲáfi]
camello (m)	καμήλα (θηλ.)	[kamílʲa]
cebra (f)	ζέβρα (θηλ.)	[zévra]
ballena (f)	φάλαινα (θηλ.)	[fálena]
foca (f)	φώκια (θηλ.)	[fókia]

morsa (f)	θαλάσσιος ίππος (αρ.)	[θalʲásios ípos]
delfín (m)	δελφίνι (ουδ.)	[ðelʲfíni]

oso (m)	αρκούδα (θηλ.)	[arkúða]
mono (m)	μαϊμού (θηλ.)	[majmú]
elefante (m)	ελέφαντας (αρ.)	[eléfandas]
rinoceronte (m)	ρινόκερος (αρ.)	[rinókeros]
jirafa (f)	καμηλοπάρδαλη (θηλ.)	[kamilʲopárðali]

hipopótamo (m)	ιπποπόταμος (αρ.)	[ipopótamos]
canguro (m)	καγκουρό (ουδ.)	[kanguró]
gata (f)	γάτα (θηλ.)	[ɣáta]
perro (m)	σκύλος (αρ.)	[skílʲos]

vaca (f)	αγελάδα (θηλ.)	[ajelʲáða]
toro (m)	ταύρος (αρ.)	[távros]
oveja (f)	πρόβατο (ουδ.)	[próvato]
cabra (f)	κατσίκα, γίδα (θηλ.)	[katsíka], [ʝíða]

asno (m)	γάιδαρος (αρ.)	[ɣáiðaros]
cerdo (m)	γουρούνι (ουδ.)	[ɣurúni]
gallina (f)	κότα (θηλ.)	[kóta]
gallo (m)	πετεινός, κόκορας (αρ.)	[petinós], [kókoras]

pato (m)	πάπια (θηλ.)	[pápia]
ganso (m)	χήνα (θηλ.)	[xína]
pava (f)	γαλοπούλα (θηλ.)	[ɣalʲopúlʲa]
perro (m) pastor	ποιμενικός (αρ.)	[pimenikós]

23. Los animales. Unidad 2

pájaro (m)	πουλί (ουδ.)	[pulí]
paloma (f)	περιστέρι (ουδ.)	[peristéri]
gorrión (m)	σπουργίτι (ουδ.)	[spurʝíti]
carbonero (m)	καλόγερος (αρ.)	[kalʲóʝeros]
urraca (f)	καρακάξα (θηλ.)	[karakáksa]

águila (f)	αετός (αρ.)	[aetós]
azor (m)	γεράκι (ουδ.)	[ʝeráki]
halcón (m)	γεράκι (ουδ.)	[ʝeráki]

cisne (m)	κύκνος (αρ.)	[kíknos]
grulla (f)	γερανός (αρ.)	[ʝeranós]
cigüeña (f)	πελαργός (αρ.)	[pelʲarɣós]
loro (m), papagayo (m)	παπαγάλος (αρ.)	[papaɣálʲos]
pavo (m) real	παγόνι (ουδ.)	[paɣóni]
avestruz (m)	στρουθοκάμηλος (αρ.)	[struθokámilʲos]

garza (f)	τσικνιάς (αρ.)	[tsikniás]
ruiseñor (m)	αηδόνι (ουδ.)	[aiðóni]

golondrina (f)	χελιδόνι (ουδ.)	[xeliðóni]
pájaro carpintero (m)	δρυοκολάπτης (αρ.)	[ðriokolʲáptis]
cuco (m)	κούκος (αρ.)	[kúkos]
lechuza (f)	κουκουβάγια (θηλ.)	[kukuvája]

pingüino (m)	πιγκουίνος (αρ.)	[pinguínos]
atún (m)	τόνος (αρ.)	[tónos]
trucha (f)	πέστροφα (θηλ.)	[péstrofa]
anguila (f)	χέλι (ουδ.)	[xéli]

tiburón (m)	καρχαρίας (αρ.)	[karxarías]
centolla (f)	καβούρι (ουδ.)	[kavúri]
medusa (f)	μέδουσα (θηλ.)	[méðusa]
pulpo (m)	χταπόδι (ουδ.)	[xtapóði]

estrella (f) de mar	αστερίας (αρ.)	[asterías]
erizo (m) de mar	αχινός (αρ.)	[axinós]
caballito (m) de mar	ιππόκαμπος (αρ.)	[ipókambos]
camarón (m)	γαρίδα (θηλ.)	[ɣaríða]

serpiente (f)	φίδι (ουδ.)	[fíði]
víbora (f)	οχιά (θηλ.)	[oxiá]
lagarto (m)	σαύρα (θηλ.)	[sávra]
iguana (f)	ιγκουάνα (θηλ.)	[iguána]
camaleón (m)	χαμαιλέοντας (αρ.)	[xameléondas]
escorpión (m)	σκορπιός (αρ.)	[skorpiós]

tortuga (f)	χελώνα (θηλ.)	[xelʲóna]
rana (f)	βάτραχος (αρ.)	[vátraxos]
cocodrilo (m)	κροκόδειλος (αρ.)	[krokóðilʲos]
insecto (m)	έντομο (ουδ.)	[éndomo]
mariposa (f)	πεταλούδα (θηλ.)	[petalʲúða]
hormiga (f)	μυρμήγκι (ουδ.)	[mirmíngi]
mosca (f)	μύγα (θηλ.)	[míɣa]

mosquito (m) (picadura de ~)	κουνούπι (ουδ.)	[kunúpi]
escarabajo (m)	σκαθάρι (ουδ.)	[skaθári]
abeja (f)	μέλισσα (θηλ.)	[mélisa]
araña (f)	αράχνη (θηλ.)	[aráxni]
mariquita (f)	πασχαλίτσα (θηλ.)	[pasxalítsa]

24. Los árboles. Las plantas

árbol (m)	δέντρο (ουδ.)	[ðéndro]
abedul (m)	σημύδα (θηλ.)	[simíða]
roble (m)	βελανιδιά (θηλ.)	[velʲaniðiá]
tilo (m)	φλαμουριά (θηλ.)	[flʲamuriá]
pobo (m)	λεύκα (θηλ.)	[léfka]
arce (m)	σφεντάμι (ουδ.)	[sfendámi]

pícea (f)	έλατο (ουδ.)	[élʲato]
pino (m)	πεύκο (ουδ.)	[péfko]
cedro (m)	κέδρος (αρ.)	[kéðros]

álamo (m)	λεύκα (θηλ.)	[léfka]
serbal (m)	σουρβιά (θηλ.)	[surviá]
haya (f)	οξιά (θηλ.)	[oksiá]
olmo (m)	φτελιά (θηλ.)	[fteliá]

fresno (m)	μέλεγος (αρ.)	[méleγos]
castaño (m)	καστανιά (θηλ.)	[kastaniá]
palmera (f)	φοίνικας (αρ.)	[fínikas]
mata (f)	θάμνος (αρ.)	[θámnos]

seta (f)	μανιτάρι (ουδ.)	[manitári]
seta (f) venenosa	δηλητηριώδες μανιτάρι (ουδ.)	[ðilitirióðes manitári]
seta calabaza (f)	βασιλομανίταρο (ουδ.)	[vasilʲomanítaro]
rúsula (f)	ρούσουλα (θηλ.)	[rúsulʲa]
matamoscas (m)	ζουρλομανίταρο (ουδ.)	[zurlʲomanítaro]
oronja (f) verde	θανατίτης (αρ.)	[θanatítis]

flor (f)	λουλούδι (ουδ.)	[lʲulʲúði]
ramo (m) de flores	ανθοδέσμη (θηλ.)	[anθoðézmi]
rosa (f)	τριαντάφυλλο (ουδ.)	[triandáfilʲo]
tulipán (m)	τουλίπα (θηλ.)	[tulípa]
clavel (m)	γαρίφαλο (ουδ.)	[ɣarífalʲo]

manzanilla (f)	χαμομήλι (ουδ.)	[xamomíli]
cacto (m)	κάκτος (αρ.)	[káktos]
muguete (m)	μιγκέ (ουδ.)	[mingé]
campanilla (f) de las nieves	γάλανθος ο χιονώδης (αρ.)	[ɣálʲanθos oxonóðis]
nenúfar (m)	νούφαρο (ουδ.)	[núfaro]

invernadero (m) tropical	θερμοκήπιο (ουδ.)	[θermokípio]
césped (m)	γκαζόν (ουδ.)	[gazón]
macizo (m) de flores	παρτέρι (ουδ.)	[partéri]

planta (f)	φυτό (ουδ.)	[fitó]
hierba (f)	χορτάρι (ουδ.)	[xortári]
hoja (f)	φύλλο (ουδ.)	[fílʲo]
pétalo (m)	πέταλο (ουδ.)	[pétalʲo]
tallo (m)	βλαστός (αρ.)	[vlʲastós]
retoño (m)	βλαστάρι (ουδ.)	[vlʲastári]

cereales (m pl) (plantas)	δημητριακών (ουδ.πλ.)	[ðimitriakón]
trigo (m)	σιτάρι (ουδ.)	[sitári]
centeno (m)	σίκαλη (θηλ.)	[síkali]
avena (f)	βρώμη (θηλ.)	[vrómi]
mijo (m)	κεχρί (ουδ.)	[kexrí]
cebada (f)	κριθάρι (ουδ.)	[kriθári]

maíz (m)	**καλαμπόκι** (ουδ.)	[kaljambóki]
arroz (m)	**ρύζι** (ουδ.)	[rízi]

25. Varias palabras útiles

alto (m) (parada temporal)	**στάση** (θηλ.)	[stási]
ayuda (f)	**βοήθεια** (θηλ.)	[voíθia]
balance (m)	**ισορροπία** (θηλ.)	[isoropía]
base (f) (~ científica)	**βάση** (θηλ.)	[vási]
categoría (f)	**κατηγορία** (θηλ.)	[katiɣoría]

coincidencia (f)	**σύμπτωση** (θηλ.)	[símptosi]
comienzo (m) (principio)	**αρχή** (θηλ.)	[arxí]
comparación (f)	**σύγκριση** (θηλ.)	[síngrisi]
desarrollo (m)	**εξέλιξη** (θηλ.)	[ekséliksi]
diferencia (f)	**διαφορά** (θηλ.)	[ðiaforá]

efecto (m)	**αποτέλεσμα** (ουδ.)	[apotélezma]
ejemplo (m)	**παράδειγμα** (ουδ.)	[paráðiɣma]
variedad (f) (selección)	**επιλογές** (θηλ.)	[epiljojés]
elemento (m)	**στοιχείο** (ουδ.)	[stixío]
error (m)	**λάθος** (ουδ.)	[ljáθos]

esfuerzo (m)	**προσπάθεια** (θηλ.)	[prospáθia]
estándar (adj)	**τυποποιημένος**	[tipopiiménos]
estilo (m)	**ύφος** (ουδ.)	[ífos]
forma (f) (contorno)	**μορφή** (θηλ.)	[morfí]

grado (m) (en mayor ~)	**βαθμός** (αρ.)	[vaθmós]
hecho (m)	**γεγονός** (ουδ.)	[jeɣonós]
ideal (m)	**ιδανικό** (ουδ.)	[iðanikó]
modo (m) (de otro ~)	**τρόπος** (αρ.)	[trópos]
momento (m)	**στιγμή** (θηλ.)	[stiɣmí]

obstáculo (m)	**εμπόδιο** (ουδ.)	[embóðio]
parte (f)	**κομμάτι** (ουδ.)	[komáti]
pausa (f)	**διάλειμμα** (ουδ.)	[ðiálima]
posición (f)	**θέση** (θηλ.)	[θési]
problema (m)	**πρόβλημα** (ουδ.)	[próvlima]

proceso (m)	**διαδικασία** (θηλ.)	[ðiaðikasía]
progreso (m)	**πρόοδος** (θηλ.)	[próoðos]
propiedad (f) (cualidad)	**ιδιότητα** (θηλ.)	[iðiótita]
reacción (f)	**αντίδραση** (θηλ.)	[andíðrasi]
riesgo (m)	**ρίσκο** (ουδ.)	[rísko]

secreto (m)	**μυστικό** (ουδ.)	[mistikó]
serie (f)	**σειρά** (θηλ.)	[sirá]
sistema (m)	**σύστημα** (ουδ.)	[sístima]
situación (f)	**κατάσταση** (θηλ.)	[katástasi]

solución (f)	λύση (θηλ.)	[lísi]
tabla (f) (~ de multiplicar)	πίνακας (αρ.)	[pínakas]
tempo (m) (ritmo)	τέμπο (ουδ.)	[témpo]
término (m)	όρος (αρ.)	[óros]
tipo (m) (p.ej. ~ de deportes)	είδος (ουδ.)	[ídos]
turno (m) (esperar su ~)	σειρά (θηλ.)	[sirá]
urgente (adj)	επείγων	[ipíγon]
utilidad (f)	χρησιμότητα (θηλ.)	[xrisimótita]
variante (f)	εκδοχή (θηλ.)	[ekðoxí]
verdad (f)	αλήθεια (θηλ.)	[alíθia]
zona (f)	ζώνη (θηλ.)	[zóni]

26. Los adjetivos. Unidad 1

abierto (adj)	ανοιχτός	[anixtós]
adicional (adj)	πρόσθετος	[prósθetos]
agrio (sabor ~)	ξινός	[ksinós]
agudo (adj)	κοφτερός	[kofterós]
amargo (adj)	πικρός	[pikrós]

amplio (~a habitación)	ευρύχωρος	[evríxoros]
antiguo (adj)	αρχαίος	[arxéos]
arriesgado (adj)	επικίνδυνος	[epikínðinos]
artificial (adj)	τεχνητός	[texnitós]
azucarado, dulce (adj)	γλυκός	[γlikós]

bajo (voz ~a)	σιγανός	[siγanós]
bello (hermoso)	όμορφος	[ómorfos]
blando (adj)	μαλακός	[mal!akós]
bronceado (adj)	μαυρισμένος	[mavrizménos]
central (adj)	κεντρικός	[kendrikós]

ciego (adj)	τυφλός	[tifl!ós]
clandestino (adj)	κρυφός	[krifós]
compatible (adj)	συμβατός	[simvatós]
congelado (pescado ~)	κατεψυγμένος	[katepsiγménos]
contento (adj)	ευχαριστημένος	[efxaristiménos]
continuo (adj)	μακρόχρονος	[makróxronos]

cortés (adj)	ευγενικός	[evjenikós]
corto (adj)	κοντός	[kondós]
crudo (huevos ~s)	ωμός	[omós]
de segunda mano	μεταχειρισμένος	[metaxirizménos]
denso (~a niebla)	πυκνός	[piknós]

derecho (adj)	δεξιός	[ðeksiós]
difícil (decisión)	δύσκολος	[ðískol!os]
dulce (agua ~)	γλυκό	[γlikó]
duro (material, etc.)	σκληρός	[sklirós]

enfermo (adj)	άρρωστος	[árostos]
enorme (adj)	τεράστιος	[terástios]
especial (adj)	ειδικός	[iðikós]
estrecho (calle, etc.)	στενός	[stenós]
exacto (adj)	ακριβής	[akrivís]
excelente (adj)	άριστος	[áristos]
excesivo (adj)	υπερβολικός	[ipervolikós]
exterior (adj)	εξωτερικός	[eksoterikós]
fácil (adj)	εύκολος	[éfkoliοs]
feliz (adj)	ευτυχισμένος	[eftixizménos]
fértil (la tierra ~)	καρπερός	[karperós]
frágil (florero, etc.)	εύθραυστος	[éfθrafstos]
fuerte (~ voz)	δυνατός	[ðinatós]
fuerte (adj)	δυνατός	[ðinatós]
grande (en dimensiones)	μεγάλος	[meɣáliοs]
gratis (adj)	δωρεάν	[ðoreán]
importante (adj)	σημαντικός	[simandikós]
infantil (adj)	παιδικός	[peðikós]
inmóvil (adj)	ακίνητος	[akínitos]
inteligente (adj)	έξυπνος	[éksipnos]
interior (adj)	εσωτερικός	[esoterikós]
izquierdo (adj)	αριστερός	[aristerós]

27. Los adjetivos. Unidad 2

largo (camino)	μακρύς	[makrís]
legal (adj)	νόμιμος	[nómimos]
ligero (un metal ~)	ελαφρύς	[eliafrís]
limpio (camisa ~)	καθαρός	[kaθarós]
líquido (adj)	υγρός	[iɣrós]
liso (piel, pelo, etc.)	λείος	[líos]
lleno (adj)	γεμάτος	[jemátos]
maduro (fruto, etc.)	ώριμος	[órimos]
malo (adj)	κακός	[kakós]
mate (sin brillo)	ματ	[mat]
misterioso (adj)	αινιγματικός	[eniɣmatikós]
muerto (adj)	νεκρός	[nekrós]
natal (país ~)	καταγωγής	[kataɣojís]
negativo (adj)	αρνητικός	[arnitikós]
no difícil (adj)	εύκολος	[éfkoliοs]
normal (adj)	κανονικός	[kanonikós]
nuevo (adj)	καινούριος	[kenúrios]
obligatorio (adj)	υποχρεωτικός	[ipoxreotikós]
opuesto (adj)	αντίθετος	[andíθetos]

ordinario (adj)	κανονικός	[kanonikós]
original (inusual)	πρωτότυπος	[protótipos]
peligroso (adj)	επικίνδυνος	[epikínðinos]
pequeño (adj)	μικρός	[mikrós]
perfecto (adj)	υπέροχος	[ipéroxos]
personal (adj)	προσωπικός	[prosopikós]
pobre (adj)	φτωχός	[ftoxós]
poco claro (adj)	ασαφής	[asafís]
poco profundo (adj)	ρηχός	[rixós]
posible (adj)	πιθανός	[piθanós]
principal (~ idea)	βασικός	[vasikós]
principal (la entrada ~)	κύριος	[kírios]
probable (adj)	πιθανός	[piθanós]
público (adj)	δημόσιος	[ðimósios]
rápido (adj)	γρήγορος	[ɣríɣoros]
raro (adj)	σπάνιος	[spánios]
recto (línea ~a)	ευθύς	[efθís]
sabroso (adj)	νόστιμος	[nóstimos]
siguiente (avión, etc.)	επόμενος	[epómenos]
similar (adj)	παρόμοιος	[parómios]
sólido (~a pared)	ανθεκτικός	[anθektikós]
sucio (no limpio)	λερωμένος	[leroménos]
tonto (adj)	χαζός	[xazós]
triste (mirada ~)	θλιμμένος	[sliménos]
último (~a oportunidad)	τελευταίος	[teleftéos]
último (~a vez)	προηγούμενος	[proiɣúmenos]
vacío (vaso medio ~)	άδειος	[áðios]
viejo (casa ~a)	παλιός	[paliós]

28. Los verbos. Unidad 1

abrir (vt)	ανοίγω	[aníɣo]
acabar, terminar (vt)	τελειώνω	[telióno]
acusar (vt)	κατηγορώ	[katiɣoró]
agradecer (vt)	ευχαριστώ	[efxaristó]
almorzar (vi)	τρώω μεσημεριανό	[tróo mesimerianó]
alquilar (~ una casa)	νοικιάζω	[nikiázo]
anular (vt)	ακυρώνω	[akiróno]
anunciar (vt)	ανακοινώνω	[anakinóno]
apagar (vt)	κλείνω	[klíno]
autorizar (vt)	επιτρέπω	[epitrépo]
ayudar (vt)	βοηθώ	[voiθó]
bailar (vi, vt)	χορεύω	[xorévo]
beber (vi, vt)	πίνω	[píno]

borrar (vt)	διαγράφω	[ðiaγráfo]
bromear (vi)	αστειεύομαι	[astiévome]
bucear (vi)	βουτάω	[vutáo]
caer (vi)	πέφτω	[péfto]
cambiar (vt)	αλλάζω	[alʲázo]
cantar (vi)	τραγουδώ	[traγuðó]
cavar (vt)	σκάβω	[skávo]
cazar (vi, vt)	κυνηγώ	[kiniγó]
cenar (vi)	τρώω βραδινό	[tróo vraðinó]
cerrar (vt)	κλείνω	[klíno]
cesar (vt)	σταματώ	[stamató]
coger (vt)	πιάνω	[piáno]
comenzar (vt)	αρχίζω	[arxízo]
comer (vi, vt)	τρώω	[tróo]
comparar (vt)	συγκρίνω	[singríno]
comprar (vt)	αγοράζω	[aγorázo]
comprender (vt)	καταλαβαίνω	[katalʲavéno]
confiar (vt)	εμπιστεύομαι	[embistévome]
confirmar (vt)	επιβεβαιώνω	[epiveveóno]
conocer (~ a alguien)	γνωρίζω	[γnorízo]
construir (vt)	κτίζω	[ktízo]
contar (una historia)	διηγούμαι	[ðiiγúme]
contar (vt) (enumerar)	υπολογίζω	[ipolʲoȷízo]
contar con ...	υπολογίζω σε ...	[ipolʲoȷízo se]
copiar (vt)	αντιγράφω	[andiγráfo]
correr (vi)	τρέχω	[tréxo]
costar (vt)	κοστίζω	[kostízo]
crear (vt)	δημιουργώ	[ðimiurγó]
creer (en Dios)	πιστεύω	[pistévo]
dar (vt)	δίνω	[ðíno]
decidir (vt)	αποφασίζω	[apofasízo]
decir (vt)	λέω	[léo]
dejar caer	ρίχνω	[ríxno]
depender de ...	εξαρτώμαι	[eksartóme]
desaparecer (vi)	εξαφανίζομαι	[eksafanízome]
desayunar (vi)	παίρνω πρωινό	[pérno proinó]
despreciar (vt)	περιφρονώ	[perifronó]
disculpar (vt)	συγχωρώ	[sinxoró]
disculparse (vr)	ζητώ συγνώμη	[zitó siγnómi]
discutir (vt)	συζητώ	[sizitó]
divorciarse (vr)	χωρίζω	[xorízo]
dudar (vt)	αμφιβάλλω	[amfivállʲo]

29. Los verbos. Unidad 2

encender (vt)	ανοίγω, ανάβω	[aníγo], [anávo]
encontrar (hallar)	βρίσκω	[vrísko]
encontrarse (vr)	συναντιέμαι	[sinandiéme]
engañar (vi, vt)	εξαπατώ	[eksapató]
enviar (vt)	στέλνω	[stélʲno]
equivocarse (vr)	κάνω λάθος	[káno lʲáθos]
escoger (vt)	επιλέγω	[epiléγo]
esconder (vt)	κρύβω	[krívo]
escribir (vt)	γράφω	[γráfo]
esperar (aguardar)	περιμένω	[periméno]
esperar (tener esperanza)	ελπίζω	[elʲpízo]
estar ausente	απουσιάζω	[apusiázo]
estar cansado	κουράζομαι	[kurázome]
estar de acuerdo	συμφωνώ	[simfonó]
estudiar (vt)	μελετάω	[meletáo]
exigir (vt)	απαιτώ	[apetó]
existir (vi)	υπάρχω	[ipárxo]
explicar (vt)	εξηγώ	[eksiγó]
faltar (a las clases)	απουσιάζω	[apusiázo]
felicitar (vt)	συγχαίρω	[sinxéro]
firmar (~ el contrato)	υπογράφω	[ipoγráfo]
girar (~ a la izquierda)	στρίβω	[strívo]
gritar (vi)	φωνάζω	[fonázo]
guardar (conservar)	διατηρώ	[ðiatiró]
gustar (vi)	μου αρέσει	[mu arési]
hablar (vi, vt)	μιλάω	[milʲáo]
hablar con …	μιλάω με …	[milʲáo me]
hacer (vt)	κάνω	[káno]
hacer la limpieza	τακτοποιώ	[taktopió]
insistir (vi)	επιμένω	[epiméno]
insultar (vt)	προσβάλλω	[prozválʲo]
invitar (vt)	προσκαλώ	[proskalʲó]
ir (a pie)	πηγαίνω	[pijéno]
jugar (divertirse)	παίζω	[pézo]
leer (vi, vt)	διαβάζω	[ðiavázo]
llegar (vi)	έρχομαι	[érxome]
llorar (vi)	κλαίω	[kléo]
matar (vt)	σκοτώνω	[skotóno]
mirar a …	κοιτάω	[kitáo]
molestar (vt)	ενοχλώ	[enoxlʲó]
morir (vi)	πεθαίνω	[peθéno]
mostrar (vt)	δείχνω	[ðíxno]

nacer (vi)	γεννιέμαι	[jeniéme]
nadar (vi)	κολυμπώ	[kolibó]
negar (vt)	αρνούμαι	[arnúme]
obedecer (vi, vt)	υπακούω	[ipakúo]
odiar (vt)	μισώ	[misó]
oír (vt)	ακούω	[akúo]
olvidar (vt)	ξεχνάω	[ksexnáo]
orar (vi)	προσεύχομαι	[proséfxome]

30. Los verbos. Unidad 3

pagar (vi, vt)	πληρώνω	[pliróno]
participar (vi)	συμμετέχω	[simetéxo]
pegar (golpear)	χτυπάω	[xtipáo]
pelear (vi)	παλεύω	[palévo]
pensar (vi, vt)	σκέφτομαι	[skéftome]
perder (paraguas, etc.)	χάνω	[xáno]
perdonar (vt)	συγχωρώ	[sinxoró]
pertenecer a ...	ανήκω σε ...	[aníko se]
poder (v aux)	μπορώ	[boró]
poder (v aux)	μπορώ	[boró]
preguntar (vt)	ρωτάω	[rotáo]
preparar (la cena)	μαγειρεύω	[majirévo]
prever (vt)	προβλέπω	[provlépo]
probar (vt)	αποδεικνύω	[apoðiknío]
prohibir (vt)	απαγορεύω	[apaɣorévo]
prometer (vt)	υπόσχομαι	[ipósxome]
proponer (vt)	προτείνω	[protíno]
quebrar (vt)	σπάω	[spáo]
quejarse (vr)	παραπονιέμαι	[paraponiéme]
querer (amar)	αγαπάω	[aɣapáo]
querer (desear)	θέλω	[θél'o]
recibir (vt)	λαμβάνω	[l'amváno]
repetir (vt)	επαναλαμβάνω	[epanal'amváno]
reservar (~ una mesa)	κλείνω	[klíno]
responder (vi, vt)	απαντώ	[apandó]
robar (vt)	κλέβω	[klévo]
saber (~ algo mas)	ξέρω	[kséro]
salvar (vt)	σώζω	[sózo]
secar (ropa, pelo)	στεγνώνω	[steɣnóno]
sentarse (vr)	κάθομαι	[káθome]
sonreír (vi)	χαμογελάω	[xamojel'áo]
tener (vt)	έχω	[éxo]
tener miedo	φοβάμαι	[fováme]

tener prisa	βιάζομαι	[viázome]
tener prisa	βιάζομαι	[viázome]
terminar (vt)	τελειώνω	[telióno]
tirar, disparar (vi)	πυροβολώ	[pirovoljó]
tomar (vt)	παίρνω	[pérno]
trabajar (vi)	δουλεύω	[ðulévo]
traducir (vt)	μεταφράζω	[metafrázo]
tratar (de hacer algo)	προσπαθώ	[prospaθó]
vender (vt)	πουλώ	[puljó]
ver (vt)	βλέπω	[vlépo]
verificar (vt)	ελέγχω	[elénxo]
volar (pájaro, avión)	πετάω	[petáo]

www.ingramcontent.com/pod-product-compliance
Lightning Source LLC
Chambersburg PA
CBHW070619050426
42450CB00011B/3080